SHAKESPEARE

Blucher

SHAKESPEARE

Paixões e psicanálise

Organizadora
Heloisa Helena Sitrângulo Ditolvo

Comissão editorial
Ana Maria Tarabai
Heloisa Gurgel Rosenfeld
Heloisa Helena Sitrângulo Ditolvo
José Garcez Ghirardi
Rosely Maria Ribeiro Garrafa
Silvia Martinelli Deroualle

Shakespeare: paixões e psicanálise
© 2019 Heloisa Helena Sitrângulo Ditolvo (organizadora)
Editora Edgard Blücher Ltda.

Imagem da capa: iStockphoto

Blucher

Rua Pedroso Alvarenga, 1245, 4º andar
04531-934 – São Paulo – SP – Brasil
Tel.: 55 11 3078-5366
contato@blucher.com.br
www.blucher.com.br

Segundo o Novo Acordo Ortográfico, conforme
5. ed. do *Vocabulário Ortográfico da Língua
Portuguesa*, Academia Brasileira de Letras,
março de 2009.

É proibida a reprodução total ou parcial por
quaisquer meios sem autorização escrita da
editora.

Todos os direitos reservados pela Editora Edgard
Blücher Ltda.

Dados Internacionais de Catalogação
na Publicação (CIP)
Angélica Ilacqua CRB-8/7057

Shakespeare : paixões e psicanálise / Antonio
Sapienza, Barbara Heliodora, Celso Frateschi et al.;
organizadora Heloisa Helena Sitrângulo Ditolvo. –
São Paulo : Blucher, 2019.

220 p.

Bibliografia

ISBN 978-85-212-1475-5 (impresso)

ISBN 978-85-212-1476-2 (digital)

1. Psicanálise 2. Psicanálise e literatura 3. Shakes-
peare, William, 1564-1616 I. Sapienza, Antonio II.
Heliodora, Barbara III. Frateschi, Celso IV. Ditolvo,
Heloisa Helena Sitrângulo.

19-0672 CDD 150.195

Índice para catálogo sistemático:
1. Psicanálise e literatura

Conteúdo

Gratidão	7
Introdução	19
Ambição – *Macbeth*: a ilusão do real	27
Valter Lellis Siqueira	
Traição – O comportamento humano em *Hamlet* e *Ricardo III*	45
Celso Frateschi	
Inveja – Desequilíbrio e fascinação em *Otelo* e *Coriolano*	73
John Milton	
Ciúme – Os discursos patriarcal, misógino e paranoico na dramaturgia de Shakespeare	87
Marlene Soares dos Santos	
Ódio – Ser ou não ser Hamlet	109
Mario Vitor Santos	

6 CONTEÚDO

Amor – Shakespeare *on love*   125
  Michael Wade

Loucura e razão – *A tempestade*: mudança catastrófica   143
  Antonio Sapienza

Desejo, poder e subjetividade – Notas com base em
  Shakespeare   159
  José Garcez Ghirardi

Memória – O percurso de Shakespeare como autor   179
  Barbara Heliodora

Sobre os autores   215

Gratidão

A gratidão vem do reconhecimento por um benefício recebido. Assim como o apreço diz do valor em que é tida alguma coisa; consideração, estima. Essas são as definições que nos traz o antigo *Novo Dicionário Aurélio*.

O virtuosismo e a generosidade dos professores e profissionais de teatro com quem tivemos o privilégio de conviver deixaram em cada um de nós, integrantes do Grupo de Estudos Conversando com Shakespeare, um profundo sentimento de amor e gratidão.

Há quinze anos coordeno, aprendo e acompanho esse grupo. É uma experiência de permanente crescimento e prazer, muito prazer. É compartilhar dificuldades, estabelecer parcerias, enfrentar o desafio de mostrar o não saber aos colegas, ter dúvidas e, por fim, desfrutar a aquisição do conhecimento. Existe um traço comum aos participantes: não competimos, não disputamos os melhores postos e damos boas risadas pelos tropeços intelectuais.

Construir o grupo, estabelecer vínculos capazes de suportar a força e desgaste do tempo, as pressões e as demandas da vida, e ainda permitir que esses encontros se mantenham até hoje, foi nosso maior desafio. Porém, a excelência dos nossos convidados, professores, que ao longo do tempo foram se alternando, permitiu o êxito e a curiosidade reavivada.

Juntos, embalados pelo universo shakespeariano, navegamos pela natureza cíclica da História, amparados pela experiência pessoal e diferenciada de todos eles, numa base de trocas e debates, saímos, a cada reunião, enriquecidos. Os encontros deixam imensas contribuições, marcas de amizade e saudades...

"Será que vamos compreender e acompanhar as peças?" "Nunca li Shakespeare." Esse era o temor de muitos de nós, e até hoje escuto colegas resistirem a participar do grupo, reféns do mesmo preconceito. O medo, por vezes, nos impede de crescer.

Tão logo iniciamos as leituras, descobrimos que Shakespeare pode ser lido e entendido por todos, uma vez que ele descreve, com brilhantismo, a natureza humana, exatamente o que somos e de um modo bem claro e simples. Ele propõe diversos níveis de entendimento, que vamos conquistando e aprofundando, à medida que nos familiarizamos com sua linguagem e estilo.

Apresento agora nossa história, que tem início em 2003, com o primeiro professor convidado, Valter Lellis Siqueira, mestre em Literatura Inglesa.

Quando somos guiados por um mestre, como Virgílio fez com Dante Alighieri em seu longo percurso em *A divina comédia*, temos a experiência de sermos cuidados e orientados na trajetória proposta, tão nova e desafiadora. É assim que começa *Macbeth*. E, dessa maneira, somos apresentados com entusiasmo e paixão a Shakespeare, guiados pela mão de Valter, nosso primeiro mestre, que nos entrega um pequeno texto de sua autoria que, como um prólogo, anuncia como será nossa viagem. Diz ele:

Uma bandeira flutua na torre do teatro arredondado: haverá uma apresentação hoje à tarde. Em seu interior, as três ordens de galerias de madeira estão repletas de espectadores. No centro do teatro – a plateia – não há assentos nem telhado. O telhado só cobre as galerias e parte do palco, sendo feito de "thatcher", uma espécie de sapé. Mas a plateia é barata e, assim, está cheia de pessoas do campo e da cidade, esperando ansiosamente pelo início da peça. Todos estão quebrando nozes, comendo maçãs, contando piadas e conversando. . . .

Agora os músicos já entraram e foram para os lugares que lhes são reservados na galeria, ao lado do palco. A plateia vai ficando cada vez mais agitada. Como será esta nova peça? . . .

Que cenário devemos imaginar? O fundo do palco é aberto. Não existe nenhum cenário móvel. As mudanças de cena são indicadas por uma sugestiva peça de mobiliário . . . ou, então, uma simples tabuleta com grandes letras mostrando o nome do lugar em que se passa a ação é colocada no palco.

Vejam! Um menino-ator está colocando uma tabuleta no palco. Será que dá para lê-la? . . . Na torre, um homem está tocando uma trombeta, sinal de que a peça vai começar. Os músicos já acabaram de afinar os instrumentos. O Prólogo, vestido de negro, diz suas linhas. Aqui estão os primeiros atores, vestidos como os cavalheiros da corte que estão sentados no palco e assistindo à peça.

10 GRATIDÃO

Façamos silêncio e ouçamos a peça.[1]

É nesse clima que penetramos na trama shakespeariana.

Após concluir *Macbeth*, entramos em *Sonho de uma noite de verão*, depois de algum tempo seguimos para *O rei Lear* e continuamos até chegar em *Hamlet*. Grande *Hamlet*! A essa altura, não temos mais a ingenuidade do que somos como criatura humana.

Chegamos em *A tempestade*, peça de total autoria de Shakespeare, que traz Caliban, um ser deformado, primitivo, violento e asqueroso, que diz:

Não tenhas medo; há ruídos na ilha,

Sons, árias doces; dão gosto e não ferem.

Saiba que às vezes mil cordas tangidas

Murmuram-me no ouvido; outras, vozes

Que, se eu acordo depois de um bom sono,

Me adormecem de novo; e então, sonhando,

Nuvens que se abrem mostram-me tesouros

Prontos para chover em mim e, acordado,

Choro para sonhar de novo.[2]

A partir desse trecho pudemos concluir: somos feitos do horrendo e do sublime.

---

1 Este texto foi distribuído para leitura por Valter Lellis Siqueira aos participantes do Grupo de Estudos Conversando com Shakespeare.

2 Shakespeare, W. (1999). *A tempestade* (p. 87, B. Heliodora, Trad.). Rio de Janeiro: Lacerda.

Em seguida, *O mercador de Veneza* nos impressiona, entre outros tantos aspectos, pela força e pela intensidade dos sentimentos vividos pelos protagonistas. O feminino posto com toda sua grandeza. A angústia vivida em seu estado puro.

Fomos, então, conhecer *Otelo*: grande, forte e tão vulnerável. O paradoxo humano exposto. A transformação volátil do amor em ódio. Todos sabemos como é. Que força têm nossos fantasmas.

Agora, nos despedimos do querido Valter Lellis Siqueira. Onde buscar palavras para dizer como foi fundamental chegarmos à Shakespeare por suas mãos?

Conhecemos Celso Frateschi, ator, diretor, criador do Teatro Ágora, que chega ao grupo com seu modo carinhoso e simples de ser e nos conta, entre muitas coisas, como é representar Ricardo III, como a personagem é construída e vivida no palco. Vamos vê-lo no teatro, reduto do artista. Surpreendemo-nos com a força dramática desse grande e completo ator, totalmente comprometido com a função social e cultural do teatro. Sua marca? Apresenta-se bem próximo da plateia. Perto mesmo. A peça começa, o olhar é penetrante e verdadeiro, a voz grave e forte denuncia que temos interioridade, o corpo rompe barreiras convencionais, a vivência é visceral. A trama se desenvolve e inevitavelmente questões existenciais desabam sobre todos. Ao final da apresentação, ele se curva humilde, o suor escorre pelo rosto, recebe sorrindo os aplausos da plateia emocionada, agradece e sai de cena, deixando em cada espectador a marca da inquietação, da angústia, do trauma compartilhado. Muitas histórias e enredos vimos representados por ele, todos de autores notáveis, e, ao final, o inexorável convite à reflexão.

Foram várias as suas vindas ao grupo ao longo desses anos. E assim nasce o vínculo de amizade e admiração mantido até hoje,

12 GRATIDÃO

justamente porque Celso se coloca sempre bem perto e sempre com muita verdade.

O teatro volta ao grupo por meio da visita das atrizes Imara Reis e Renata Zanetta, que, na época, encenavam a comédia romântica *A megera domada*. O papel da mulher na sociedade elisabetana é amplamente discutido com base na peça, em que as duas personagens femininas tão diferentes impressionam pela forma como conduzem seus desejos e projetos. Há que se considerar a atualidade do tema ainda hoje tão merecedor de movimentos e transformações políticas e sociais.

O nosso muito obrigado à brilhante ensaísta, tradutora das obras de Shakespeare e crítica de teatro brasileiro, Barbara Heliodora (1923-2015), pela breve, porém marcante, presença em nosso grupo. Servimo-nos de suas traduções para a leitura da quase totalidade das peças estudadas. Tivemos o privilégio de poder editar uma de suas aulas e deixar registradas sua espontaneidade e sua vivacidade contagiante, além do imenso saber.

Agradecemos com muito carinho ao grande dramaturgo Chico de Assis (1933-2015), fundador do I Seminário de Dramaturgia do Teatro de Arena. Com seu humor delicioso e absoluta liberdade de expressão, deixou-nos um belo legado sobre elementos da dramaturgia e a importância social do teatro. Compartilhamos o amor que nutria pelas artes cênicas, assim como o entusiasmo que o mantinha vivo e atuante no trabalho de formação de atores e na direção teatral.

Prof. Dr. Luiz Carlos da Silva Dantas (falecido em 2008), ex--diretor do Instituto de Estudos da Linguagem da Universidade Estadual de Campinas (Unicamp), discreto e amável, nos instruiu sobre a linguagem no teatro shakespeariano. Foram poucos os encontros, porém, permitiram ampliar nossa escuta para a comunicação metafórica nas peças estudadas. Muito obrigado pela dedicação e disponibilidade nas aulas.

Em seguida, buscamos conhecer a poesia de Shakespeare. Recebemos o Prof. Dr. John Milton, do Departamento de Letras Modernas da Universidade de São Paulo (USP) e grande referência nos estudos da obra shakespeariana. Leciona na área de Literatura Inglesa e é professor titular em Estudos da Tradução na Faculdade de Filosofia, Letras e Ciências Humanas da Universidade de São Paulo (FFLCH-USP). Com John, exploramos esta outra área da produção literária de Shakespeare: a poesia. Por meio dos três quartetos e um dístico de seus sonetos, pudemos conhecer essa parte fundamental e revolucionária da obra do bardo. John só pôde nos acompanhar por poucos meses, mas foram de muita relevância e abrangência seus ensinamentos.

Em meio a atores, dramaturgos e professores de literatura, o grupo promoveu ainda, ao longo desses anos, encontros com os psicanalistas Antonio Sapienza e Luiz Tenório de Oliveira Lima, ambos importantes analistas e professores da Sociedade Brasileira de Psicanálise de São Paulo (SBPSP). Posso dizer que são autoridades do saber e da psicanálise, proporcionando um olhar psicanalítico na compreensão de personagens e enredos de diversas peças, trazendo novas abordagens.

Sapienza, sempre com seu gostoso e engenhoso humor, nos traz brilhantes contribuições relativas às obras do bardo e, como não posso deixar de assinalar, sugere, num gesto generoso, alguns materiais para leitura. Ele finaliza todos os encontros do grupo apresentando questões extremamente delicadas e sérias, relativas ao exercício profissional do psicanalista. Somos estimulados a pensar e a refletir sobre a relação do analista com seu paciente. Nossa responsabilidade com a ética e o domínio da teoria, do método e da técnica psicanalítica ao aceitarmos receber e compreender com a necessária sensibilidade o psiquismo dos analisandos.

Tenório, grande estudioso da literatura e filosofia, nos encanta com a facilidade com que apresenta, articula conceitos e autores e nos leva a uma viagem dinâmica, permeada de fatos históricos, que só um pesquisador pode saber.

Suas aulas são densas, profundas, e ao final saímos enriquecidos.

Eis que recebemos Marlene Soares dos Santos, Prof.ª Dr.ª titular de Literatura Inglesa da Universidade Federal do Rio de Janeiro (UFRJ), que muito gentilmente se deslocava do Rio de Janeiro a São Paulo e nos oferecia aulas primorosas e densas. Outro horizonte é aberto ao grupo por Marlene, a saber, a importância das comédias shakespearianas. Por meio dela, fomos compreendendo o valor e a seriedade das comédias, nas quais o humor é só o veículo para apresentar aspectos profundos e contundentes da nossa natureza.

É fundamental nos percebermos em nossa totalidade e nossa pluralidade. E Marlene, num ritmo impressionante, com absoluto domínio da retórica e do tempo, nos leva ao universo maravilhoso das comédias, no qual a mulher é elemento de atenção e destaque na leitura e compreensão das peças. As aulas são impecáveis e inesquecíveis. Sua paixão por Shakespeare é contagiante, e com muito prazer compartilhou seu imenso conhecimento com o grupo.

Na sequência, vou ao encontro de Mario Vitor Santos, jornalista e diretor da Casa do Saber. Recordo-me quando fiz o convite a ele, estávamos sentados em duas confortáveis poltronas na Casa do Saber. Apresentei, em linhas gerais, o histórico e o perfil do grupo e o que esperávamos de sua participação. Mario ouviu atentamente, esclareceu algumas dúvidas e pensou... pensou..., e eu, ansiosa, em silêncio, aguardei sua resposta e torci muito para que fosse positiva. Ele disse sim, viria com prazer conversar sobre Shakespeare. Naquele momento, eu apenas intuíra o que viria a ser uma rica e profunda experiência de anos, com Mario à frente do estudo das tragédias e comédias de Shakespeare. Aulas cuidadosamente preparadas, temas aprofundados com seriedade e consistência, e, mais uma vez, abriu-se diante de nós, a possibilidade de conhecer ainda mais, com excelência e erudição, a dramaturgia de Shakespeare. O gesto generoso acontece ao iniciar a leitura de cada nova peça, quando Mario apresenta um pequeno resumo do enredo, com o intuito de garantir que nenhum integrante do grupo fique sem acompanhar a exposição. Todos crescemos da convivência, dos debates e das reflexões disparadas nos encontros mensais. Ficamos com um repertório ainda maior, tanto intelectual como afetivo. O doce e sério Mario um dia se despede do grupo e deixa em seu lugar um professor, dizendo: "Vocês estarão em boas mãos".

Mas, antes de conhecermos o novo professor, Mario Vitor Santos nos proporciona a experiência inesquecível de um encontro entre o ator inglês, Michael Wade, que naquela ocasião passava por São Paulo, e o grupo. Nesse encontro, organizamos uma belíssima declamação dos sonetos de amor de Shakespeare. Foi maravilhoso. Além dos sonetos, Michael fez a leitura de trechos de peças também com diálogos de amor. Nessa atmosfera de fascínio, somos tomados pela força dramática de Shakespeare, representado pelo grande ator Michael. Bravo!

E chegamos ao Prof. Dr. José Garcez Ghirardi, advogado, que nos acompanha até hoje e faz com que o grupo se encante com peças já estudadas anteriormente, porém ganhando nova profundidade e expansão conceitual. Garcez é um professor nato. Sua paixão nos envolve completamente, somos arrebatados por horas, sem as sentir passar. O modo espontâneo de ser, ora moleque, ora

16 GRATIDÃO

extremamente sério, expõe sua maturidade e autoridade diante do que nos oferece. As peças são cuidadosamente apresentadas, com ênfase nas questões políticas e sociais contidas no enredo. E como são atuais!

Com Garcez, ao longo desses anos, o grupo foi construindo uma relação de muito respeito, admiração e amizade. Posso dizer que adquirimos certa intimidade, que nos permite, vez ou outra, trazer episódios da história particular de cada um, quando implicam alguma contribuição ao tema discutido.

Tivemos um pequeno intervalo de um semestre, com sua ausência para estudos em Paris. Nesses meses, voltamos ao teatro, na companhia do nosso querido Celso Frateschi, que esteve conosco em duas ocasiões e ainda nos ajudou a trazer o ator e diretor Elias Andreato. Este nos surpreende com vários episódios e depoimentos de sua experiência como diretor de teatro. Inclusive, temos o prazer de sermos dirigidos por eles na leitura de trechos de peças previamente selecionados por Elias. E, para finalizar, ele representa parte de um monólogo que estrearia naquela semana. Aplaudimos com muito gosto.

Garcez volta de sua viagem, empolgado com a experiência de estudos na França, e temos o prazer de ouvi-lo contar sobre seus novos projetos. E o grupo, nesse momento, finaliza a leitura e o estudo de todas as peças de Shakespeare traduzidas para o português. Uma vitória festejada. Eu o consulto sobre o projeto do livro comemorativo dos quinze anos do grupo de Shakespeare e ele aceita prontamente ajudar. Muito além da ajuda solicitada, Garcez nos apoia, nos acompanha de perto, nos orienta e dá condições para que esse projeto aconteça.

Novamente, lembro-me de Virgílio guiando Dante Alighieri. Sem Virgílio, Dante não teria êxito em sua caminhada. Sem a importante participação de Garcez, também não seríamos capazes de seguir em frente com este livro, da maneira tão segura e confiante como fizemos. Muito obrigada pela generosa e fértil parceria.

Por fim, procuro Eduardo Blücher, editor a quem timidamente apresentei a ideia do livro. Novamente, tenho o privilégio de encontrar quem me oriente passo a passo neste percurso inédito, de modo objetivo, ético e acolhedor. As reuniões com Eduardo resultaram em estímulo e confiança para seguir adiante. Muito obrigada por toda a ajuda recebida.

Agradeço muitíssimo a todos os autores, amigos queridos, por participarem tão generosamente deste livro, que espero poder servir de estímulo para novos leitores de Shakespeare.

Fica o profundo sentimento pelo mundo ao qual tive acesso, compartilhei, aprendi e alimentei minha alma: imensa gratidão.

Está quase amanhecendo e, no entanto,

Eu sei que ainda há muito o que contar.

Vamos entrar...[3]

Heloisa Helena Sitrângulo Ditolvo

---

3 Shakespeare, W. *O mercador de Veneza* (B. Heliodora, Trad.). Rio de Janeiro: Editora Lacerda, 1999 (p. 146).

Introdução

Este livro nasce para marcar os 15 anos de existência do Grupo de Estudos Conversando com Shakespeare. Formado por psicanalistas e profissionais de diversas áreas, tem como traços comuns o interesse, a curiosidade e o fascínio pela magistral obra do bardo. Criamos um espaço de liberdade e espontaneidade para acolher o não saber, em que o conhecimento construído em conjunto é um patrimônio comum. É nesse clima informal que nos reunimos, no último sábado de cada mês, desde setembro de 2003, na sede da Sociedade Brasileira de Psicanálise de São Paulo (SBPSP).

Por que Shakespeare?

O desfilar de personagens, seus sentimentos, esse mundo de lordes e damas, nobres e criados, ódio, inveja, amor, decepções, traição e mais as questões morais e éticas, ou até alegóricas, fama, fortuna e fúria, tudo nos toca e chega ao nosso mundo interior.

Ao entrar no universo das personagens shakespearianas, colocamo-nos no divã do bardo e nos permitimos um acesso ao que é nosso e, ao mesmo tempo, ao que nos é desconhecido. Esse turbilhão de sentimentos e temas atemporais alarga nossa consciência e nos ajuda a construir um mundo interno mais possível de habitar.

Shakespeare investiga a moralidade e denuncia a corrupção que invariavelmente nos remete a pensar nossa realidade atual.

As comédias e as tragédias se movimentam entre os polos de contenção e liberação e nos trazem às vivências do nosso fazer psicanalítico.

O pessimismo que aparece em Shakespeare nos reporta ao hoje, quando temos a clareza de que as estruturas sociais e políticas não conseguem responder aos nossos anseios e às verdades que desejamos que sejam esclarecidas.

Nesses quinze anos de encontros do Grupo de Estudos Conversando com Shakespeare (da Sociedade Brasileira de Psicanálise – SBPSP), uma maratona de percepções, constatações, interação, emoções e compartilhamento forma esse grupo.

Ao longo desses anos, convidamos diferentes coordenadores para que pudéssemos usufruir de diferentes abordagens, linguagens, estilos de estudo e experiências, em função do tipo de leitura e entendimento das obras. Esses coordenadores, juntos, escrevem os capítulos desta obra que pretende oferecer uma compreensão da conflituosa e complexa dinâmica dos sentimentos do homem. Em Shakespeare, não há personagens idealizadas, todas são boas e más e sofrem as naturais contradições humanas.

Com base nos sonetos e peças, histórias de imensa beleza, transitamos por ambição, traição, inveja, ciúmes, ódio, amor, desejo, poder, razão e loucura.

Você, leitor, poderá deixar-se levar pela ousadia com que Shakespeare se apropria e escancara a intimidade de todos nós, com irretocável lirismo e verdade. Não seremos poupados de nos aproximarmos dos mais temíveis desejos, nem tampouco dos mais sublimes sonhos. Os recursos literários e teatrais têm essa condição de possibilitar a experiência emocional por meio do outro, este que nos representa. Ficamos expostos a nós mesmos. Porém, a uma distância suficiente para aceitarmos o confronto com nossos aspectos nobres, as virtudes, e para tolerarmos as imperfeições e deformidades, nossos aspectos marginais, execráveis. Em um contínuo movimento de aproximação e distanciamento, seguido de reflexão e elaboração, resulta que saímos transformados, autorizados a acolher e a legitimar o que somos, na qualidade de criaturas humanas. O confronto com nossos fantasmas e nossos sonhos proporciona maiores possibilidades de uma existência harmoniosa e criativa.

Essa intimidade que nos é oferecida nas tramas apresentadas, numa linguagem simples, rigorosamente bem colocada, num breve período, carrega uma grande profundidade, fruto da capacidade criativa de Shakespeare. Ora em versos brancos, ora em versos rimados, ora em prosa, dependendo do contexto em que a cena se passa, as peças foram escritas para serem apreciadas e compreendidas por toda a população, e não só pela nobreza da época.

Assim como Freud, Shakespeare comporta diferentes níveis de leitura e entendimento, o que nos impõe e nos convida a revisitar e desfrutar a experiência de senti-la ainda maior a cada passagem.

As peças escritas por Shakespeare nos trazem uma percepção de aspectos humanos que também encontramos no trabalho analítico.

22 INTRODUÇÃO

Freud (1899/1972), em *A interpretação dos sonhos*, diz: "A cena de ação dos sonhos é diferente da cena da vida representacional de vigília" (p. 78). Mais adiante, ele repete a citação dizendo que essa é a única hipótese que faz com que as peculiaridades da vida onírica se tornem inteligíveis.

Freud aponta, assim, para a noção de que há "um outro teatro na mente" – em alemão, *der andere Schauplatz* – que difere da vida de vigília e que governa a produção dos sonhos e de outras ideações inconscientes.

Em uma escala mais íntima, podemos pensar que as descobertas de Freud – o uso do divã, da associação livre e da natureza de um encontro constante entre analista e paciente – trazem-nos a possibilidade de criar um teatro analítico (*der andere Schauplatz*) para trabalhar com as tragédias e as comédias primitivas de cada um.

Freud certamente leu todas as peças e sonetos de Shakespeare e deles se valeu tanto para a teoria psicanalítica como para elucidar aspectos de sua clínica. *Hamlet, O mercador de Veneza, Rei Lear* e *Ricardo III* foram algumas das peças utilizadas como elementos de suas análises e como base para sua obra científica. Assim como Freud identificou o processo no qual o homem transforma os estímulos sensoriais em qualidades psíquicas, Shakespeare transformou narrativas ficcionais em arte por meio de sua imaginação criativa e de seu grande domínio da retórica. O homem precisa da arte para representar e comunicar elementos da ordem do inominável, do traumático.

No livro *A interpretação dos sonhos*, Freud pela primeira vez utilizou *Hamlet* para dar aos sonhos da personagem a manifestação de desejos reprimidos, usando uma linguagem simbólica e carregada de representação psíquica.

Referindo-se a *Ricardo III*, Freud (1914-1916/1974) conclui:

> *Ricardo é uma enorme ampliação de algo que encontramos em nós mesmos. Todos nós pensamos que temos motivos para repreender a Natureza e o nosso destino por desvantagens congênitas e infantis; todos exigimos reparação por antigos ferimentos ao nosso narcisismo, ao nosso amor-próprio. (p. 355)*

O poeta e escritor John Keats (1952/1970), em uma carta de 1817, fala-nos de uma qualidade que ele identifica em Shakespeare:

> *Muitas coisas se ajustam em minha mente e de repente me ocorreu qual é a qualidade que forma um Homem de Consecução, especialmente em Literatura, algo que Shakespeare possuía em tão alto grau – quero dizer, Capacidade Negativa; isto é, quando um homem é capaz de permanecer em meio a incertezas, mistérios, dúvidas, sem ter de alcançar nervosamente nenhum fato e razão. (p. 131)*

O psicanalista inglês Wilfred Bion (1970/2006) vai fazer uso do termo "capacidade negativa" como uma qualidade essencial no contato do analista com o seu paciente.

Mais recentemente, Joyce McDougall (2015), psicanalista francesa, em seu livro *Teatros do eu*, escreveu sobre a necessidade de desvendar as diferentes cenas nas quais o "eu" representa seus dramas ocultos, assim como os roteiros e as personagens que constituem o repertório psíquico. Nossas personagens internas procuram palcos para atuarem nossas tragédias e comédias, e raramente assumimos responsabilidades por nossas produções teatrais secretas, pois o produtor está sentado em nossa própria mente.

Shakespeare até hoje amplia as diversas manifestações artísticas, como o cinema, a poesia e a música, oferecendo recursos e inspiração para a expressão de nossos dramas humanos.

Esperamos despertar em você, leitor, o interesse e o prazer que este estudo tem nos propiciado no conhecimento de nós mesmos, de nossos interlocutores e, como profissionais, na compreensão de nossos analisandos.

Ana Maria Tarabai
Batia Lederman
Heloisa Gurgel Rosenfeld
Heloisa Helena Sitrângulo Ditolvo
Ivonise Fernandes da Motta
Márcia Porto Pimentel
Rosely Maria Ribeiro Garrafa

Referências

Bion, W. R. (2006). Prelúdio à consecução ou seu substituto. In W. R. Bion, *Atenção e interpretação* (2. ed., pp. 131-134). Rio de Janeiro: Imago. (Publicado originalmente em 1970).

Freud, S. (1972). *A interpretação dos sonhos: primeira parte, 1900.* (Edição Standard Brasileira das Obras Psicológicas Completas de Sigmund Freud, vol. IV). Rio de Janeiro: Imago. (Publicado originalmente em 1899).

Freud, S. (1974). *A história do movimento psicanalítico: artigos sobre metapsicologia e outros trabalhos.* (Edição Standard Brasileira das Obras Completas de Sigmund Freud, vol. XVI). Rio de Janeiro: Imago. (Publicado originalmente em 1914-1916).

Keats, J. (1970). *Letters* (4. ed.). London: Oxford University Press. (Publicado originalmente em 1952).

McDougall, J. (2015). *Teatros do eu: ilusão e verdade na cena psicanalítica* (2. ed.). São Paulo: Zagodoni.

Ambição – *Macbeth*: a ilusão do real

Valter Lellis Siqueira

> *. . . não tenho esporas*
> *para atiçar os flancos do meu intento, mas apenas*
> *uma ambição incomensurável, que dá um salto exagerado*
> *e acaba caindo do outro lado.*
>
> Shakespeare, W. *Macbeth*, Ato I, Cena VII[1]

Macbeth foi escrito por volta de 1606 e encenado nesse mesmo ano. O rei Jaime I, da Escócia, assumira o trono em 1603, após o falecimento sem herdeiros da rainha Elisabete I. Como Jaime tinha algum sangue Tudor, Elisabete, pouco antes de morrer, indicou-o como seu sucessor, garantindo assim a união da Escócia com a Inglaterra, mais favorável a esta última e buscada havia séculos.

Assim, sem dúvida, a escolha de um tema escocês para sua nova peça foi uma maneira de Shakespeare agradar ao novo rei.

---

1 Esta e todas as outras citações da peça são traduções nossas. Usamos o texto original em inglês: Shakespeare, W. (1996). *Complete Works of Shakespeare* (new edition, P. Alexander, Ed.). London: Collins.

28 AMBIÇÃO – *MACBETH*: A ILUSÃO DO REAL

A inspiração foi buscada nas crônicas sobre a Escócia, Irlanda e Inglaterra de Raphael Holinshed, publicadas em 1587; outra fonte de inspiração e informação deve ter sido a crônica "União das nobres famílias de Lancastre e Iorque", de Edward Hall. Os dois autores misturam lenda e verdade histórica, embora Shakespeare tencionasse escrever ficção, sem a preocupação de reproduzir fatos históricos reais.

Na peça há outros indícios de que ela teve a intenção de agradar e homenagear Jaime I. A presença das três bruxas remete ao interesse do novo rei pelo sobrenatural, pois ele chegou a escrever um tratado de demonologia (*Daemonologie*, 1597), medíocre, mas respeitado em razão da autoria. Além disso, os séculos XVI e XVII, na Inglaterra, conheceram uma grande, e literal, caça às bruxas, motivada pelo desejo de se impor da religião anglicana, ávida por erradicar os vestígios das crendices herdadas do antigo catolicismo medieval. Entre 1560 e 1603, centenas de mulheres e homens acusados de feitiçaria foram presos, torturados e executados.

O catolicismo, contudo, e apesar de esforços como esses, não fora totalmente erradicado das Ilhas Britânicas. Em 1605, Jaime escapou de morrer em uma grande explosão de barris de pólvora colocados nos porões do Parlamento. O fato, conhecido como a Conspiração da Pólvora (*The Gunpowder Plot*, em inglês), foi obra de católicos desejosos de restaurar sua religião. O incidente é lembrado várias vezes em *Macbeth*: no Ato II, Cena III, fala-se de uma "horrível combustão"; para celebrar o fato de Jaime ter saído incólume do atentado, cunhou-se uma moeda mostrando uma flor sob a qual se alinhava uma serpente – símbolo da traição e da perfídia –, metáfora que Lady Macbeth e o próprio Macbeth usarão durante peça; e tudo indica que Cawdor, o traidor do rei Duncan, seja uma referência a Everard Digby, um dos conspiradores e também grande amigo de Jaime I (um dos muitos "favoritos"

SHAKESPEARE: PAIXÕES E PSICANÁLISE 29

do soberano). Durante o julgamento dos envolvidos no atentado, o padre jesuíta Henry Garnet, defendendo-se da acusação de perjúrio, afirmou que tinha o direito de "equivocar" (*equivocate*, em inglês). Com isso, o réu quis dizer que podia usar palavras de duplo sentido para disfarçar a verdade com uma ambiguidade que não conseguisse comprometê-lo. Também no Ato II, Cena III, o porteiro faz referência a esse "equivocar", mas Shakespeare, como veremos, usou de maneira muito mais sutil e inteligente essa ambiguidade provocada pela "equivocação".

Como *Hamlet, Otelo, Rei Lear, Júlio César* e *Timão de Atenas, Macbeth* foi escrito por Shakespeare na virada do século XVI, o qual muitos críticos chamam de seu "período sombrio". O que teria levado o bardo a impregnar de intenso pessimismo com relação à vida as grandes tragédias que escreveu entre 1601 e 1608? Talvez fosse por compartilhar da insegurança política que a Inglaterra sentia, pois Elisabete I estava velha e acabou morrendo sem herdeiros. Havia temor de novas guerras de sucessão, chegando até a uma tentativa de depor a rainha que resultou na morte do conde de Essex, amigo e protetor do dramaturgo. A ascensão de Jaime I ao trono não tranquilizou os ânimos, pois, afinal, tratava-se de um rei estrangeiro, que, desde o início, não se revelaria um governante equilibrado e seguro, governando como monarca absoluto. De qualquer modo, as obras que acabamos de citar são

as grandes tragédias [em que] o elemento trágico conhece profunda exacerbação, e a vida humana vai aparecer apenas como "um conto narrado por um idiota, cheio de alarido e fúria, nada significando". . . . Todas essas tragédias são peças de grande fôlego, em que mais se evidencia a grande marca do gênio de Shakespeare – a capacidade de abarcar os mais variados e des-

30 AMBIÇÃO – *MACBETH*: A ILUSÃO DO REAL

concertantes aspectos do gênero humano. (Cevasco & Siqueira, 1990)

Se, como afirma Harold Bloom (1998),[2] Shakespeare foi o "inventor do humano", talvez o personagem em que essa humanidade tenha sido mais magistralmente reproduzida seja Macbeth. E o personagem da peça pouco tem a ver com o Macbeth histórico, que parece ter sido o oposto do herói shakespeariano. Este é, antes de mais nada, um homem ambicioso que vai às últimas consequências para obter e conservar o poder. Mas é também um homem cheio de imaginação, que vacila, tem medo e insegurança. Em outras palavras, Macbeth é, por definição, o herói trágico aristotélico, ou seja, um homem cheio de qualidades admiráveis (ele, no início da peça, é mostrado como valente, leal e amoroso), embora tenha uma certa falha trágica que acaba por provocar sua destruição, normalmente associada ao narcisismo, como hoje lembra a psicanálise. Essa falha trágica em Macbeth é a ambição, aliada à sua imaginação profética, ou seja, ainda recorrendo à psicanálise, à sua capacidade de representação.

Durante o Romantismo, John Keats, um dos mais notáveis poetas ingleses, ofereceu outra definição de herói: para ele, num certo sentido, somos todos heróis, aguardando num espaço escuro que ele chamou de "câmara do pensamento virginal",[3] para então notar uma porta que se escancara e para a qual começamos a nos mover, talvez impelidos por forças para além de nossa força de vontade ou desejo. Nesse ponto, estamos nos umbrais do que o próprio Keats

---

2 Harold Bloom (1930-) é um professor e crítico literário estadunidense. Atualmente, Bloom ocupa o cargo acadêmico mais alto, Sterling Professor, da Universidade Yale.

3 Em carta a John Hamilton Reynolds, datada de 3 de maio de 1818.

chamou de "feitura da alma".[4] Na verdade, novamente nos voltando para a psicanálise, Aristóteles e Keats estão descrevendo o que Melanie Klein[5] chama de "instinto epistemofílico" (Klein, 1932/1975), para acentuar a força essencial, que nos movimenta, da curiosidade nascida da complexidade emocional que envolve amor, ódio e conhecimento, sempre em tensão criativa.

A literatura que podemos chamar de criativa envolve o processo de chegar ao conhecimento; assim, a busca do herói por uma identidade define a modelagem orgânica da obra, no nosso caso da peça. Meg Harris Williams (2017), autora inglesa que tem produzido admiráveis estudos sobre a relação literatura-psicanálise, afirma:

> *A representação de um "herói" – uma mente em desenvolvimento – raramente pertence a um personagem ficcional, mas a um contexto mais amplo; o espaço e outros elementos estéticos são de igual significado psicológico. O senso de uma personalidade complexa é evocado pela maneira como todos os personagens interagem em contexto, embora um ou dois possam ser o foco estrutural, e os vejamos como herói ou heroína.*

---

4   Em carta a George e Georgiana Keats, datada de 14 de fevereiro a 2 de maio de 1819.

5   Psicanalista vienense (1882-1960) que renovou e ampliou de maneira criativa os ensinamentos de Sigmund Freud. Uma das contribuições mais emblemáticas de Freud à psicanálise foi a constatação de um mal-estar inerente à civilização, trazido pela impossibilidade de satisfação plena de cada indivíduo. Klein acrescentou a isso um mal-estar ainda mais primitivo no ser humano, situado no início da relação entre mãe e bebê: o ciúme e a inveja aparecem, de maneira inconsciente, já no começo da vida. (Veloso, A. M. (2017, 30 de março). Melanie Klein, a mulher que deu um novo rumo ao legado de Freud. *Huffpost Brasil*. Recuperado de https://www.huffpostbrasil.com/2017/03/30/melanie-klein-a--mulher-que-deu-um-novo-rumo-ao-legado-de-freud_a_22018024/).

32 AMBIÇÃO – MACBETH: A ILUSÃO DO REAL

> *Isto é mais evidente no caso do drama, mas também se*
> *aplica a outros gêneros. (p. xii)*

O foco estrutural de nossa peça é composto de uma trindade: Macbeth, Lady Macbeth e as Bruxas, que, de certa maneira, formam uma única entidade.

Vamos entender essa trindade começando pelas Bruxas. Como afirmamos anteriormente, esse elemento do sobrenatural foi incluído na peça para agradar ao rei Jaime I, mas Shakespeare soube fazer um uso genial dele, além da obtenção de desejáveis efeitos cênicos. Nosso autor, homem que demonstra uma racionalidade única em suas criações, sem dúvida não acreditava em bruxas, mas as transformou em manifestações da mente humana, aquelas forças que compõem nossa complexidade emocional. As "bruxas" já estavam na mente de Macbeth, apenas aguardando o momento certo para se manifestarem. Para justificar essa afirmativa, vamos reproduzir e comentar brevemente toda a cena que abre *Macbeth*, para nós a chave para a compreensão do "processo de chegar ao conhecimento" de nosso herói:

Ato I, Cena I

(Trovões e relâmpagos. Entram as três bruxas)

1ª. Bruxa – Quando nós três voltaremos a nos reunir,

No raio, no trovão ou na chuva?

2ª. Bruxa – Quando estiver terminada a barulhada,

Quando a batalha estiver vencida e perdida.

3ª. Bruxa – Vai ser antes do pôr do sol.

1ª. Bruxa – Em que lugar?

2ª. Bruxa – Na charneca.

3ª. Bruxa – Para lá nos encontrarmos com Macbeth.

1ª. Bruxa – Já estou indo, gato Graymalkin.

Todas – O sapo Paddock nos chama. Já vamos!

O bom é ruim, e o ruim é bom:

Voemos pelo nevoeiro e o ar imundo.

O fato de as bruxas serem três remete-nos a tradicionais definidores do futuro: às Parcas da mitologia grega, às Nornas da mitologia nórdica e à própria Santíssima Trindade cristã. Portanto, elas estão se reunindo para definir o destino de um homem: Macbeth, que, teoricamente, ainda não conhecemos. E elas só se reúnem no raio, no trovão e na chuva, ou seja, em momentos conturbados da mente humana. Na peça, a Escócia está sendo invadida pelos noruegueses, como ficamos sabendo na cena seguinte, e Macbeth, primo do rei Duncan e senhor de Glamis, está se destacando na expulsão dos invasores. A imaginação profética de nossa personagem vai começar a ser posta em ação: é o momento propício, pois, se ele é o homem mais destacado da Escócia e tem sangue azul por ser primo do rei, sua ambição poderá transbordar de seus limites.

A segunda bruxa diz que o encontro será depois que estiver "terminada a barulhada", e a batalha "vencida e perdida". Ela está se referindo ao barulho da batalha contra os invasores noruegueses. É claro que, numa batalha, um lado vence e o outro perde. Mas o paradoxo também já antecipa a batalha que Macbeth travará contra seus escrúpulos; ele vencerá, pois será rei, mas também, como sabemos, sairá vencido. Esse paradoxo já antecipa "o bom é ruim, e o ruim é bom" que será sentenciado em seguida.

34 AMBIÇÃO – *MACBETH*: A ILUSÃO DO REAL

A terceira bruxa acrescenta que o encontro será antes do pôr do sol. A metáfora também é expressiva, pois significa que o nosso herói vai mergulhar nas trevas da incerteza e da luta contra seus escrúpulos. Além disso, sua ambição fará cair uma longa e tenebrosa noite sobre a Escócia. Observe-se que a maioria das cenas desta peça, pelo menos as mais decisivas, decorre durante a noite. *Macbeth* é uma peça bicolor: o negro da noite e o vermelho do sangue que é derramado copiosamente. A maioria das encenações do drama ao redor do mundo recorre preferencialmente a essas cores. Aqui, a treva e a luz também antecipam "o bom é ruim, e o ruim é bom".

Quando se pergunta sobre o local do encontro, a segunda responde que será "na charneca". A indicação é totalmente imprecisa, pois a charneca é a denominação geral que se dá aos terrenos pedregosos e cobertos de urze na maior parte da Escócia. Na verdade, como as bruxas estão "na mente" de Macbeth, sempre será possível e fácil localizá-las. Mais tarde, depois da cena do banquete, em que ele fica sabendo que, apesar de Banquo estar morto, seu filho conseguiu escapar; e que Macduff, por ter recusado o convite para a festa, deve suspeitar das ações de Macbeth, este diz que vai consultar as bruxas. Isso é possível porque elas estão sempre presentes nele. Numa das representações da Royal Shakespeare Company a que assistimos, as bruxas saíram de baixo da mesa do banquete e a cena dos sortilégios se seguiu naturalmente, sem nenhuma interrupção.

Chegamos, então, ao enigmático paradoxo "o bom é o ruim, e o ruim é bom". Aqui estamos diante de um daqueles problemas quase sem solução da tradução literária, pois no original a frase é "*fair is foul and foul is fair*". Ora, o campo semântico das duas palavras, em inglês, é enorme. Em português, podemos traduzir "*fair*" por bom, bem, certo, justo, correto etc. "*Foul*" pode ser traduzido por seus opostos: ruim, mau, mal, errado, injusto, incorreto etc. Em sua belíssima tradução, do ponto de vista formal e poético, nosso Manuel Bandeira traduziu a frase como "o bem e o mal, é tudo igual" (Shakespeare, 1989). Embora a tradução seja poeticamente admirável, ela restringe o campo semântico das duas palavras e, o que é pior, pode levar a uma possível conotação religiosa, o que não nos parece ter sido a intenção de Shakespeare.

O paradoxo, na verdade, reflete bem o caráter sombrio das peças shakespearianas do "período sombrio": o ser humano está condenado a um mundo de incertezas, em que tudo parece ser produto de uma grande e generalizada "equivocação". A flutuação dos valores humanos realmente é incrível. Para começar, os nossos *"fair"* internos nem sempre se harmonizam com os *"fair"* exteriores, ou seja, o pessoal acaba indo de encontro ao que é determinado pelas convenções sociais. E, infalivelmente, o que num momento pode parecer-nos *"fair"* se transforma repentinamente em *"foul"*, e vice-versa, em termos pessoais e coletivos. Para Macbeth, *"fair"* é o se tornar rei da Escócia, mas, para isso, inevitavelmente, provocará o *"foul"*. E é esse aspecto da realidade humana que permite as leituras políticas e ideológicas, como as de Jan Kott, famoso crítico polonês, já que existe uma relação dialética entre o pessoal e o social. Em seu influente livro *Shakespeare nosso contemporâneo*, Kott (2003) afirma sobre *Macbeth*:

> *Em* Macbeth, *o mesmo Grande Mecanismo [o funcionamento social] que já aparecia em* Ricardo III *continua a funcionar, talvez de forma ainda mais brutal. . . . Macbeth, se a resumirmos, não difere em nada dos dramas históricos. Mas os resumos são enganadores. Ao contrário das crônicas,* Macbeth *não mostra a história sob a forma do Grande Mecanismo. Mostra-*

36   AMBIÇÃO – *MACBETH*: A ILUSÃO DO REAL

-a sob a forma de pesadelo. O mecanismo e o pesadelo não são senão metáforas diferentes da mesma luta pelo poder e pela coroa. Mas essa diferença implica uma outra maneira de olhar, mais ainda: uma outra filosofia. A história mostrada como um mecanismo fascina por seu próprio caráter ameaçador e inelutável. O pesadelo paralisa e apavora. Em Macbeth *a história é mostrada através de uma experiência pessoal, assim como o crime. É uma questão de decisão, de escolha, de coerção. O crime é responsabilidade daquele que o comete, que deve executá-lo com as próprias mãos.* Macbeth *em pessoa mata Duncan. (p. 91)*

Na Cena III do Ato I, Macbeth surge no palco e sua primeira fala faz eco ao paradoxo do "*fair and foul*": Nunca vi dia tão feio e tão bonito. [*So foul and fair a day I have not seen.*]

Ele faz referência ao dia como feio em razão do mau tempo, mas é também bonito porque é o dia da vitória sobre os invasores noruegueses. Essa fala, porém, já é referência explícita às forças em contradição que Macbeth vai enfrentar internamente. E elas já surgem quando, após a profecia das bruxas de que ele será senhor de Cawdor e rei da Escócia, os arautos do rei Duncan o saúdam com o título que pertencia ao traidor. Ora, Macbeth devia saber da traição, e, assim, parecia-lhe lógico que, na condição de maior responsável pela vitória contra os invasores, qualquer título perdido seria outorgado a ele. E sabe também que tem condições para ser rei, embora isso o obrigue a agir de maneira extremada. Vejamos sua reação ao anúncio da glória:

Ato I, Cena III

[À parte] Duas verdades me são ditas

Como prólogos felizes do crescente ato

Do tema do torno imperial.

... Esta solicitação sobrenatural

Não pode ser ruim, não pode ser boa. Se for ruim,

Por que me ofereceu uma prova do sucesso,

Começando por uma verdade? Eu sou o senhor de Cawdor.

Se for boa, por que será que me entrego àquela sugestão

Cuja horrível imagem deixa meu cabelo em pé,

E faz meu coração, de usual tranquilo, bater contra minhas costelas

De forma contrária à natureza? Os presentes temores

São menores que essas horríveis imaginações.

O meu pensamento, no qual o assassinato ainda é só uma fantasia,

Abala de tal forma minha natureza humana, que a função corporal

É afetada pelas conjecturas, e nada existe além do que não existe.

Se o destino me quer rei, que o destino então me coroe

Sem que eu me mexa.

38 AMBIÇÃO – *MACBETH*: A ILUSÃO DO REAL

> *. . . Aconteça o que acontecer,*
>
> *O tempo e as horas levam-me a esse dia terrível.*

Essa é a primeira manifestação da humanidade de Macbeth. Já se disse que ele é o único vilão de Shakespeare capaz de despertar nossa piedade. É possível, mas é inegável o fato de sua humanidade. Nesse sentido, Harold Bloom (1998) nos diz:

> *Macbeth sofre intensamente ao constatar que causou – e que está fadado a seguir causando – o mal. De modo chocante, Shakespeare faz de nós Macbeths. Nossa identificação com o personagem é, igualmente, involuntária e inevitável. Todos possuímos, embora em graus distintos, imaginação profética; em Macbeth, esse tipo de imaginação tem um valor absoluto. O personagem nem bem se dá conta de ver a si mesmo cometendo o crime que, equivocamente, satisfaz a referida ambição. Macbeth aterroriza-nos, em parte, porque nossa imaginação tem um lado assustador, fazendo-nos parecer, assassinos, ladrões, usurpadores ou estupradores. (p. 633)*

E Lady Macbeth? Para muitos que fazem uma leitura psicanalítica da peça, ela seria o lado feminino do marido, e vice-versa. No início da peça, realmente, ela apresenta uma determinação "masculina", em contraste com os pejos "femininos" de Macbeth. Lady Macbeth, na primeira cena em que aparece, mostra-se de uma determinação impressionante, que se põe acima de qualquer ética. Depois de ler a carta em que o marido lhe anuncia o encontro com as bruxas, ela diz:

Glamis tu és e Cawdor, e serás

O que foi prometido. Contudo, temo a tua natureza;

Ela é cheia demais do leite da bondade humana

Para tomar o caminho mais curto. Gostarias de ser grande,

Não te falta ambição, mas sem

A maldade que deveria acompanhá-la. O que te honraria,

Preferes obtê-lo pela virtude.

Quando o mensageiro lhe comunica que Duncan virá passar a noite em seu castelo para honrar os Macbeth, ela explode:

Ato I, Cena IV

... O próprio corvo está rouco

Por grasnar o anúncio da entrada fatal de Duncan

Sob minhas ameias. Vinde, espíritos

Que inspirais os pensamentos assassinos, tirai-me o meu sexo,

E enchei-me da cabeça aos pés

Da mais terrível crueldade! Engrossai-me o sangue,

Interrompei o acesso e a passagem do remorso

Para que nenhum sentimento natural de bondade

Abale meu cruel propósito, e nem faça as pazes entre

O efeito e a decisão. Descei aos meus seios de mulher

40 AMBIÇÃO – *MACBETH*: A ILUSÃO DO REAL

E transformai meu leite em fel, ministros
assassinos....

Observe-se a diferença entre os discursos de Lady Macbeth e de seu marido: o dela é objetivo, destituído de imagens, com poucas figuras de linguagem; já o dele, produto de sua imaginação profética a que já nos referimos, é poético, repleto de imagens e figuras de linguagem das mais diversas. Mas, afinal, Lady Macbeth precisa ser objetiva para convencer seu marido a trilhar o caminho da glória. Ela é a verdadeira autora do regicídio, tendo preparado tudo para Macbeth e procurando incentivá-lo até ela própria não ter mais condições para isso.

Shakespeare não foi muito condescendente com suas personagens femininas. Isso, sem dúvida, é produto da misoginia de sua época, em que, com exceção da rainha Elisabete, as mulheres eram vistas como seres de segunda classe, quase sempre destituídas de grande inteligência. Quando não o são, acabam por agir como homens, como Pórcia de *O mercador de Veneza*, que se disfarça de homem para poder agir como advogado e exercer sua inteligência. Lady Macbeth, aliás, também abriu mão, como vimos, de sua condição feminina, mas lhe falta a imaginação para sobreviver. Repetindo o mito de Eva, ela será castigada por isso.

Com o desenrolar da peça, os papéis de Macbeth e Lady Macbeth, em termos de determinação e coragem, vão se invertendo: ele vai ficando cada vez mais ousado, desafiando a tudo e a todos para preservar o que conquistou. Depois de Duncan, será a vez de Banquo; depois virão Macduff e sua família e, presumivelmente, todos os que se interpõem a ele. Lady Macbeth, por sua vez, vai definhando, perde a sanidade e se suicida. Esse processo, estranhamente, não é mostrado na peça: suas duas últimas aparições na peça são no Ato III, Cena IV, o banquete, em que ela ainda se mostra determinada e procurando controlar o desatino de Macbeth diante da suposta aparição de Banquo. E ela só volta a aparecer na cena do sonambulismo, no Ato V, Cena I, já completamente desequilibrada e revelando seus crimes. Nada, entre as duas cenas, sugere esse processo de degradação. Será que alguma cena escrita por Shakespeare mostrando a degradação da rainha acabou por se perder? É possível, pois o que temos hoje com certeza não é o que foi originalmente escrito, e não só com relação a *Macbeth*, mas a todas as outras peças do bardo.

Como Jocasta, outra heroína aristotélica, Lady Macbeth põe um fim em sua vida, que se tornou insuportável. A cena do sonambulismo, em termos da recriação de uma mente perturbada, é uma das grandes realizações shakespearianas: embora o remorso a esteja corroendo, resquícios de sua primitiva resolução ainda aparecem, da resolução que a fez abrir mão da condição de mulher e transformou seu "leite em fel":

Lady Macbeth – . . . Uma mancha continua aqui.

Fora, mancha maldita! Fora, eu digo! – Uma, duas. Está na hora de agir.

O inferno é escuro. Ora, meu senhor, um soldado com medo! Que vergonha!

. . . Contudo, quem haveria de pensar que o velho tivesse tanto sangue nele?

O senhor de Fife tinha uma esposa. Onde está ela agora?

Ah, estas mãos nunca ficarão limpas. Basta, meu senhor,

Basta: a tudo estragas com teus sobressaltos.

*... Ainda sinto aqui cheiro de sangue: nem todos os
perfumes da Arábia /*

Conseguirão purificar esta mãozinha. Oh! Oh! Oh!

E como Édipo, herói aristotélico, Macbeth vai resistir até o fim, orgulhosamente se recusando a ver a realidade; enquanto o primeiro fura os próprios olhos para ignorá-la, o segundo finalmente se entrega à morte, igualmente para ignorá-la. Já dissemos que Macbeth é o vilão "mais humano" de Shakespeare, e é nas cenas finais da peça que vamos, como lembrou Bloom, nos identificar com ele. A ambição, afinal, é um sentimento necessário para que possamos construir plenamente nossos "objetos internos", como diz a psicanálise, mas, evidentemente, ao contrário de Macbeth, é necessário fazê-lo dentro dos limites das regras do social. Quando fica sabendo da morte de Lady Macbeth, por exemplo, ele diz:

Ato V, Cena V

Ela deveria ter morrido mais tarde.

Teria havido uma hora certa para ouvir essa palavra:

O amanhã, o amanhã e mais um amanhã

Se arrastam em diminuto passo, dia após dia,

Até a última sílaba do registro do tempo;

E todos os nossos ontens apenas iluminaram para os tolos

O caminho para a morte. Apaga-te, apaga-te, breve lume!

*A vida não passa de uma sombra errante, de um
pobre ator*

Que se pavoneia e agita ao dizer sua fala no palco

E depois não mais é ouvido. É uma história

Narrada por um idiota, cheia de alarido e fúria,

Nada significando. . . .

Nessa fala, encontramos, uma vez, uma comparação da vida
humana com uma peça teatral, numa referência, portanto, meta-
teatral. E Shakespeare, como poucos autores, soube reproduzir
essa vida em todos os seus aspectos negativos e positivos. É claro
que, neste breve capítulo, ocupamo-nos apenas de alguns aspectos
fundamentais de *Macbeth*. Mas haveria muito mais a dizer. Essa é
uma daquelas obras em que, a cada leitura, por maior que tenha
sido o número delas, descobrimos algo novo e relevante. E, com
o bardo, constatamos, mais uma vez, que *"all the world is a stage"*.

Referências

Bloom, H. (1998). *Shakespeare: a invenção do humano*. (J. R.
O'Shea, Trad.). São Paulo: Objetiva.

Cevasco, M. E., & Siqueira, V. L. (1990). *Rumos da literatura inglesa*
(4a ed.). São Paulo: Ática.

Klein, M. (1975). *The Psychoanalysis of Children*. New York: Dela-
corte Press. Publicado originalmente em 1932.

Kott, J. (2003). *Shakespeare nosso contemporâneo*. (P. Neves, Trad.).
São Paulo: Cosac Naify.

Shakespeare, W. (1989). *Macbeth* (2. ed., M. Bandeira, Trad.). São Paulo: Brasiliense.

Shakespeare, W. (1996). *Complete Works of Shakespeare* (new edition, P. Alexander, Ed.). London: Collins.

Williams, M. H. (2017). *The Art of Personality in Literature and Psychoanalysis*. London: Karnak.

Traição – O comportamento humano em *Hamlet* e *Ricardo III*

Celso Frateschi

A traição certamente está presente em todas as tragédias, comédias e dramas históricos de Shakespeare. Para tentar comentar o tema de modo definitivo, teríamos de analisar toda a obra dramatúrgica do autor. De maneira alguma é o lugar e o interesse deste texto. Shakespeare registrou o momento da história da humanidade em que abandonávamos o rígido padrão comportamental da Idade Média e passávamos a conviver com um homem que enfrentava o incremento da vida urbana em toda a sua complexidade, com as novas relações sociais advindas do Renascimento e do início do capitalismo mercantil. Shakespeare, como nenhum outro dramaturgo, registrou a origem do homem moderno. Há quem diga que, no século XVI, com a complexidade de suas personagens, ele prescreveu uma bula que podemos utilizar para nos entendermos em nossas mazelas ainda agora, quando caminhamos para a metade do século XXI. Em Shakespeare, a traição é apresentada não mais como um pecado ou um vício, como no medievo teocentrista, mas, sim, como uma característica do comportamento humano. As peças de Shakespeare, antes de condenarem

46 TRAIÇÃO – O COMPORTAMENTO HUMANO EM *HAMLET*...

a traição, a contextualizam, e é assim com todos os comportamentos humanos. Não há um prejulgamento divino, nem do autor. As personagens agem, reagem, se relacionam e se transformam, pela primeira vez buscando a sua individualidade. Shakespeare registra esse momento de formação do homem burguês, que constrói o seu destino enfrentando a si mesmo, e os desígnios divinos passam a ser secundários. Diferente daquelas da tragédia grega e do mistério medieval, as personagens shakespearianas lidam com a realidade e constroem sua trajetória contando consigo mesmas.

A diversidade social do mundo renascentista relativiza os vícios e as virtudes, uma vez que a vida humana já não é determinada apenas pelo divino, mas também pela maneira como o homem a constrói nas suas relações com o outro. Na busca por realização pessoal, que em Shakespeare se materializa no amor e no poder, os vícios e as virtudes convivem em cada personagem. Na complexidade do início do mundo capitalista, ser fiel a alguém ou a algum princípio já significava necessariamente trair algum outro. A traição, é claro, não é um fenômeno do Renascimento, mas, sim, humano. Sua caracterização e seu julgamento mudam de acordo com os tempos. Trair por amor ou trair pela pátria já foram justificativas convincentes. Ser fiel a preceitos individuais ou a preceitos coletivos, ser fiel a um deus ou a uma família ou a um grupo teve significados diferentes em épocas diferentes. Antígona e Creonte são fiéis e traidores no mesmo tempo e no mesmo espaço. Ela, ao defender os ritos familiares ancestrais, trai as leis de Tebas; e Creonte, ao defender as leis e o poder político de Tebas, trai a família e seus ritos ancestrais. O que define a traição? Na Europa medieval, Deus era a medida e o centro gravitacional, a traição era determinada por regras e leis divinas. Copérnico, Giordano Bruno e Galileu, ao observarem o universo, estabeleceram a possibilidade de outros mundos, e a gravidade divina foi para o espaço, e, com ela, a medida divina da traição. Os três foram condenados como traidores. Justiça e verdade nem sempre andam juntas, desde o momento que as conceituamos.

Sou ator por ofício e vocação, não sou acadêmico, nem psicanalista. Minha contribuição para esse projeto, portanto, limita-se à minha experiência de ator que teve a felicidade de participar como protagonista em algumas montagens de textos de William Shakespeare, entre as quais *Hamlet, o príncipe da Dinamarca*, em 1984--1985, e *Ricardo III*, em 2006 – peças sobre as quais centrarei meus comentários neste capítulo. Tive também oportunidade de desenvolver com os alunos da Escola de Arte Dramática da Escola de Comunicações e Artes da Universidade de São Paulo (ECA-USP) o estudo de várias cenas do repertório shakespeariano. Pretendo aqui abordar a traição nessas duas peças, como ponto de partida para uma reflexão sobre esse tema em Shakespeare.

Hamlet

> *Se algum dia amaste teu pai... vinga esse*
> *cruel e desnaturado assassinato.*
>
> Shakespeare, W. *Hamlet*

Com esse pedido/ordem, o Fantasma de Hamlet pai determina a Hamlet filho que se faça justiça "no reino podre da Dinamarca", lugar "onde se pode sorrir, sorrir e ser um crápula", revelando que há mais coisas entre o céu e a terra do que pode sonhar a nossa vã filosofia. Nessa aparição, o Fantasma revela a traição de que foi vítima, ao ser morto envenenado enquanto tirava a sesta, e exige vingança. Hamlet, um jovem estudante da Universidade de Wittenberg, tinha suspendido seus estudos para estar presente nos funerais de seu pai, mas, ao chegar a Elsinore, encontra os festejos do

48 TRAIÇÃO – O COMPORTAMENTO HUMANO EM *HAMLET*...

casamento de sua mãe Gertrudes com seu tio Cláudio. Hamlet sofre então de um só golpe uma dupla traição: é traído politicamente, pois seria herdeiro natural do trono da Dinamarca e vê seu trono usurpado por Cláudio, que, ao se casar com Gertrudes, assume o poder; e Gertrudes, além de rainha, é sua mãe e tudo o que isso representa, então o grau de sua traição para Hamlet é não só político, mas familiar e amoroso no sentido mais profundo.

O aspecto político foi priorizado na montagem de Márcio Aurélio em que participei em 1984. Evidentemente, esforçamo-nos para não diminuir nem sombrear a complexidade da trama e das personagens, mas o político tinha relevância. Estávamos saindo do período da ditadura militar e a nossa geração teve o seu poder político, o seu "trono" usurpado pela truculência do golpe militar e de seus atos institucionais. Os últimos brasileiros que tinham votado elegeram Jânio Quadros, que havia renunciado meses depois da posse. Os militares usurparam o poder de nossa geração, traindo a vontade popular expressa pelo voto democrático. Para nós, era uma leitura não só evidente, mas também a única possível, a mais adequada naquela conjuntura. Cláudio simbolizava a violência do poder ilegítimo, urdido em atos inconfessáveis e fundamentado na mentira e na ocultação dos fatos. Para atingir seus objetivos, todos os meios são válidos. Shakespeare conhecia Maquiavel para imprimir em Cláudio tais características? Nós com certeza conhecemos muito bem e nas nossas próprias vidas durante pelo menos as duas décadas de ditadura. No teatro, o mundo da fábula e o mundo do autor são necessariamente mediados pelo mundo do ator em que a peça é representada. Aconteceram desde então outras montagens da peça, e, com certeza, elas nunca se assemelham, e as opções dos artistas que criam e realizam seus espetáculos sempre se diferenciam, por vezes radicalmente. Toda montagem de Shakespeare busca ser fiel ao autor e todas as montagens resultam em traição. Parafraseando Heiner Müller, *montar*

Shakespeare sem traí-lo é traição. Shakespeare buscava dialogar diretamente com seu público renascentista. Escrevia para o seu mundo, não tinha nenhuma pretensão de se tornar um clássico, queria agradar o seu público e escrevia histórias que prendiam a sua atenção para que o teatro cumprisse a sua finalidade, que, segundo o próprio Shakespeare, coloca na boca de Hamlet. Ele apregoa aos atores que representarão a peça que prenderá a consciência do rei, que o teatro tem como fim

> *desde o princípio e até agora mostrar um espelho diante da natureza, mostrar à virtude a sua cara, ao vício a sua imagem, e a cada época a idade e o corpo verdadeiros que ela tem, sua forma e sua aparência.* (Shakespeare, 2013, p. 89)

Para cumprir essa indicação do próprio Shakespeare, é preciso ter como referência para a criação não só a peça, mas o mundo em que vivemos, quem somos e para quem estamos representando. Esses pressupostos necessariamente nos levarão a traições voluntárias e involuntárias.

No teatro contemporâneo, não se concebe uma montagem de Shakespeare sem edições ou adaptações, até mesmo na tentativa de ser fiel ao autor, e isso já se concretiza numa traição. Esses aspectos paradoxais são característicos na obra shakespeariana e em particular também em *Hamlet*. Poderíamos imaginar a fábula sob o ponto de vista de outra personagem preenchendo as lacunas deixadas pelo texto de Shakespeare com fatos implícitos na peça, mas que uma vez desenvolvidos nos levariam a versões significativamente diferentes. Poderíamos reforçar aspectos das relações familiares, ou políticas, ou existenciais, ou filosóficas, ou psicológicas, ou materialistas, ou metafísicas, pois as lacunas deixadas

50 TRAIÇÃO – O COMPORTAMENTO HUMANO EM *HAMLET*...

pela concretude do texto dramático nos instigam a preenchê-las e a criar uma multiplicidade de leituras possíveis. Algumas delas foram desenvolvidas por grandes autores e diretores teatrais. Em seu *Pequeno organon para o teatro*, Bertolt Brecht (2005) escreve, na metade do século XX:

> *À luz dos tempos que correm, tempos sangrentos e te-*
> *nebrosos, à luz da existência de classes dominantes cri-*
> *minosas e de uma desconfiança generalizada na razão*
> *da qual se abusa, creio poder ler essa fábula da seguinte*
> *forma: está-se em tempo de guerra. O pai de Hamlet,*
> *rei da Dinamarca, abateu numa guerra de pilhagem,*
> *para ele vitoriosa, o rei da Noruega. Quando o filho*
> *deste, Fortimbrás, se arma para uma guerra, o rei da*
> *Dinamarca é também derrubado pelo próprio irmão.*
> *Os irmãos dos reis assassinados, agora de posse do tro-*
> *no, fazem que a guerra se desvie em outro sentido; as*
> *tropas norueguesas obtêm permissão de atravessar o*
> *território dinamarquês para realizarem uma incursão*
> *na Polônia. Mas o jovem Hamlet é então chamado pelo*
> *espírito do seu belicoso pai a vingar o crime contra ele*
> *perpetrado. Após uma certa hesitação em responder a*
> *um ato sangrento com outro ato igualmente sangrento,*
> *e estando mesmo disposto a partir para o exílio, encon-*
> *tra o jovem Fortimbrás, que vai a caminho da Polô-*
> *nia com as suas tropas. Sugestionado por esse exemplo,*
> *volta atrás e, numa bárbara carnificina, liquida o tio*
> *e a mãe, e liquida a si próprio, deixando a Dinamarca*
> *à mercê do norueguês. Ao longo desses acontecimen-*
> *tos, vemos o jovem Hamlet, que já está, contudo, algo*

nutrido, utilizar, de forma absolutamente insuficiente,
a nova visão racional que adquirira na Universidade
de Wittenberg. Tal visão é para ele um obstáculo nas
questões de carácter feudal às quais regressa. Perante a
práxis irracional, a sua razão é por completo improce-
dente. Tomba, tragicamente sacrificado à contradição
entre uma forma de raciocínio e outra forma de ação.
Esta maneira de ler a peça (que admite mais uma for-
ma de leitura) poderia, a meu ver, interessar o nosso
público. (p. 161)

Numa outra versão romanceada com base na mesma fábula, John Updike (2001) nos provoca uma leitura diferente das personagens ao abordá-las no momento anterior ao começo da peça, preenchendo lacunas deixadas por Shakespeare referentes às personagens de Cláudio, Gertrudes e Hamlet pai. Ele nos apresenta Cláudio, irmão mais novo de Hamlet pai, tendo sido permanentemente humilhado nessa relação fraterna e apaixonado por Gertrudes. Gertrudes amava Cláudio, mas foi obrigada por razões de Estado a casar-se com o brutamontes guerreiro, irmão de seu amado. Nada que Updike acrescenta contradiz as personagens shakespearianas, mas ele nos sugere um entendimento completamente diferente das personagens e da história. A formulação desses elementos possíveis e verossímeis nas gêneses das personagens relativiza radicalmente as paixões e as culpas tradicionalmente apresentadas nas leituras das montagens dessa grande peça. Certamente, se lermos o romance de Updike como um prefácio, precedendo a leitura da peça, teremos uma visão diferente das personagens da tragédia.

Ernest Jones (1970) criou as bases para a emblemática montagem do filme de Laurence Olivier, na qual as questões familiares constituem o eixo principal em que a história se movimenta. Há uma opção radical para essa "familiarização" da tragédia, o que não diminui a qualidade da obra, mas, sem dúvida, reduz a multiplicidade de perspectivas que Shakespeare nos propõe.

Assim como as personagens e a história podem ser consideradas de vários pontos de vista, as paixões expressas na história e nas personagens também. Na famosa cena entre Hamlet e Ofélia, a palavra traição não aparece uma única vez, tão naturalizada está a traição no comportamento das personagens.

> *Hamlet – Agora silêncio!... A bela Ofélia! Ninfa em tuas orações, recorda-te de todos os meus pecados!*
>
> *Ofélia – Meu bom senhor, como tem passado Vossa Alteza esses últimos dias?*
>
> *Hamlet – Humildemente agradeço: bem, bem, bem.*
>
> *Ofélia – Meu príncipe, tenho umas lembranças suas que há muito tempo quero devolver. Eu peço que receba agora.*
>
> *Hamlet – Não, eu não; nunca te dei nada.*
>
> *Ofélia – Meu honrado senhor, sabe muito bem que me deu e vinham juntas com palavras de fragrância tão doce que as tornavam mais preciosas. Perdido o perfume delas, aceite as lembranças de volta. Para espíritos nobres, presentes ricos ficam pobres quando quem deu se torna cruel. Aqui, meu príncipe.*
>
> *Hamlet – Ah, Ah! Você é honesta?*
>
> *Ofélia – Meu senhor!...*
>
> *Hamlet – Você é bonita?*

Ofélia – O que sua Alteza quer dizer?

Hamlet – Que se você é honesta e bonita, tua honestidade não deves admitir conversa com a beleza.

Ofélia – Meu senhor, com quem a beleza poderia manter melhor trato do que com a honestidade?

Hamlet – Oh, é verdade. Mas o poder da beleza mais depressa vai transformar a honestidade em prostituta, do que a honestidade vai ter força para transformar a beleza igual a ela. Houve um tempo em que isso era um absurdo, mas os novos tempos provam que é assim. Eu te amei um dia.

Ofélia – Eu sei, meu senhor. Acreditei em Vossa Alteza.

Hamlet – Não devia ter acreditado em mim, pois a virtude não pode ser enxertada em velho tronco sem ficar com o gosto dele. Eu não te amei.

Ofélia – Maior ainda o meu engano.

Hamlet – Vai para um convento. Por que você seria uma reprodutora de pecadores? Eu mesmo sou um bocado honesto e mesmo assim posso me acusar de tantas coisas que teria sido melhor minha mãe não ter me dado à luz. Eu sou arrogante, vingativo, ambicioso e capaz de mais crimes do que posso pensar, do que tenho imaginação para dar forma a eles ou tempo para cometê-los. O que indivíduos como eu fazem rastejando entre o céu e a terra? Somos uns grandes canalhas, não acredite em nenhuns de nós. Vai, toma o caminho do convento. Ou de um bordel. Onde está teu pai?

Ofélia – Em casa, meu senhor.

Hamlet – Que as portas se fechem sobre ele para que só faça o papel de idiota dentro de casa. Adeus!

Ofélia – Ó céus, ajudem-no!

Hamlet – Se você se casar, eu te rogo essa praga como dote: embora cristalina como o gelo, ou pura como a neve, você não escapará da calúnia. Vai para um convento, adeus. Ou se precisar se casar, case com um idiota, porque os homens espertos sabem muito bem que vocês podem fazer deles monstros. Para um convento, vai para um bordel, e bem rápido. Adeus. Eu também sei muito bem que você se pinta. Deus deu a vocês um rosto e vocês, mulheres, fazem outro. E vocês balançam, mexem, ciciam, inventam outros nomes para as criaturas de Deus, e fazem essa lascívia passar por inocência. Vai para o... basta, foi isso que me enlouqueceu. Eu digo, não tem mais casamentos, os que já estão casados devem viver, menos um. Os outros devem ficar como estão. Para o convento ou para o bordel, vai.
(Shakespeare, 2013, pp. 84-86)

Hamlet interrompe a sua reflexão sobre ser ou não ser com a aparição de sua amada Ofélia, que cumpre a estratégia do rei e de seu pai Polônio para entender as reais motivações do comportamento estranho do jovem príncipe. Ela se arruma e se maquia especialmente para a ocasião e traz em suas mãos os presentes que ganhou outrora do namorado. Desde a aparição do fantasma de seu pai, Hamlet evitou encontrá-la para protegê-la da sua própria loucura. Ofélia vê isso como abandono e tenta "recuperar" a afeição do príncipe. Atrás das pesadas tapeçarias do castelo de Elsinore ou de alguma porta entreaberta, o próprio rei e seu conselheiro Polônio espionam o encontro (as paredes da Dinamarca têm ouvidos, como se vê em muitas outras cenas). A traição que levou ao fratricídio não pode ser revelada e, ao ser escondida, desencadeia outras traições, voluntárias e involuntárias. Ofélia sente-se traída em seu amor e, em nome de recuperar o seu amor, comete uma traição ainda maior em relação a Hamlet. Deixa de ser quem é ao aceitar se embonecar para seduzir quem já a amava. Hamlet sente-se traído, pois percebe a trama no meio do encontro, manda-a para um bordel e ameaça aqueles que estão espionando com palavras distorcidas por sua suposta loucura àqueles que estão espionando. Todos traem e todos são traídos.

A Renascença nos traz essa multiplicidade de perspectivas. O olhar deixa de ser divino e passa a ser humano, de cada ser humano. Essa diversidade de pontos de visão reflete a multiplicidade de interesses. Interesses diferentes e muitas vezes contraditórios. Os preceitos que regiam nosso comportamento se tornam anacrônicos e uma nova ética necessita ser constituída. Talvez venha daí o caráter clássico que ganhou a obra de Shakespeare. A sua fidelidade em registrar em suas peças o comportamento humano sem nenhuma trava moralista ou ideológica. Ele revela o caráter das personagens sendo construído com base nas relações entre as personagens. Os sentimentos já não são universais, mas reais e construídos por relações concretas entre seres humanos. O caráter não precede, mas se molda e se transforma com base em interesses e relações interpessoais. As unidades de tempo, espaço e ação da tragédia grega não conseguem mais traduzir o dinamismo e o transbordamento do homem renascentista. Hamlet não se define em si, mas nas relações que estabelece com as demais personagens em momentos diferentes de sua trajetória. Hamlet, que chega para

56 TRAIÇÃO – O COMPORTAMENTO HUMANO EM *HAMLET...*

o enterro de seu pai, encontra o casamento de sua mãe com seu tio e timidamente aceita permanecer em Elsinore maldizendo a vida. Esse Hamlet é e não é o mesmo que conversa com o fantasma do pai. É e não é o mesmo que encontra Ofélia, que debocha de Polônio, que reencontra os amigos Rosencrantz e Guildenstern. Ele é o mesmo e ao mesmo tempo um outro que recebe os atores e que prepara com eles a peça que comprovará a versão do Fantasma sobre a morte de seu pai. É e não é o mesmo Hamlet que mergulha na mais profunda metafísica do seu ser ou não ser, é o mesmo e um outro que maltrata sua namorada, é outro e ainda o mesmo que espezinha os amigos e debocha do rei. É o mesmo e ainda outro que revela o escuro da alma de sua mãe e que mata o seu ex-futuro sogro. A estes ainda se somam aquele outro que é deportado para a Inglaterra e arma a prisão e a morte dos "amigos" responsáveis por seu traslado, outro que conversa com os coveiros e outro que não suporta o enterro de sua amada Ofélia. Um recebe de Osric o desafio do duelo com o irmão da amada, e a este se soma um diferente de todos que começa o duelo, é ferido, vê a mãe morrer envenenada com veneno preparado para ele, mata Laerte e executa o rei para depois concluir que o *resto é silêncio* e entregar a Dinamarca para a Noruega do jovem Fortimbrás. Hamlet não é um ou outro, mas um e outros.

As traições se multiplicam. Em Elsinore, todos conspiram. A Dinamarca é uma prisão em que conspiram os que estão no poder e os que questionam o poder. Todos querem vingança pelos males que sofreram. Para esses dinamarqueses, a justiça só é possível pela vingança. Quando se fraqueja nesses propósitos, os mortos reaparecem para reanimar o desejo de purgar a traição.

. . . Polônio – (pra Gertrudes) Ele vem direto para cá. Trate de ser severa com ele. Diga que exagera nas palhaçadas, que já não é possível tolerar e que vossa

*graça tem servido de biombo e se colocado no meio
do fogo cruzado contra ele. Vou me esconder aqui. Eu
peço, seja clara!*

Hamlet – (de fora) Mãe, mãe, Mãe!

Gertrudes – Eu garanto, não tenhas receio.

Hamlet – Então, minha mãe, o que aconteceu?

Gertrudes – Hamlet, você ofendeu muito teu pai.

Hamlet – Mãe, você ofendeu muito meu pai.

Gertrudes – Vamos, uma resposta que não tem sentido.

Hamlet – Vá, uma resposta que não tem vergonha.

Gertrudes – O quê? O que é isso agora, Hamlet?

Hamlet – Qual o problema agora?

Gertrudes – Você esqueceu quem eu sou?

*Hamlet – Não, pela cruz, não esqueci. Você é a rainha,
a mulher do irmão do seu marido. E, antes não fosse,
é minha mãe.*

*Gertrudes – Bem, então vou chamar quem pode falar
contigo.*

*Hamlet – Vamos, vamos, senta aí e não se mexa. Você
não vai sair daqui até eu te colocar na frente de um
espelho onde você possa ver o fundo de sua alma.*

*Gertrudes – O que você vai fazer? Você vai me matar?
Socorro, socorro!*

Polônio – (atrás da cortina) O quê? Socorro!

58 TRAIÇÃO – O COMPORTAMENTO HUMANO EM *HAMLET*...

Hamlet – O que é isso, um rato? Morto, aposto uma
moeda de ouro. Morto. (Atravessa a cortina com o seu
punhal, e mata Polônio). (Shakespeare, 2013, p. 106)

Era para ser uma conversa de conciliação, mas já começa com a reafirmação do desentendimento numa áspera discussão seguida da morte do principal conselheiro do reino. Aqui também os pontos de vista familiar e do Estado se confundem e conflitam, porque assim é que é. Shakespeare não simplifica para o entendimento, ele nos apresenta as relações em toda a sua complexidade. Gertrudes tem a certeza de que seu filho está sendo desleal e inconveniente com o rei, que é seu marido e padrasto de Hamlet. Está colocando em risco com seu "teatrinho" e com suas infantilidades – ou palhaçadas, como diz Polônio – todo o reino da Dinamarca. Ele passou dos limites da tolerância materna ao tentar continuamente desmoralizar o rei, que é seu pai e seu tio, padrasto e marido de sua mãe. O que também, sem dúvida, lhe dá razões para se sentir traído. A discussão familiar entre mãe e filho se encrudesce e se incendeia, derretendo todas camadas que encobriam as aparências para revelar todas as frustrações edipianas, e então aparecem os desejos embotados, o ódio ao homem da mãe que substituiu seu pai, "espiga podre que contamina o irmão saudável" (Shakespeare, 2013, p. 108). Como a mãe pode errar tanto, "olhos sem tato, tato sem visão, ouvidos sem mãos ou olhos, olfato sem nada. Nem o que sobrasse de qualquer sentido doente seria tão insensível. Oh, vergonha, onde está teu rubor?..." (Shakespeare, 2013, p. 108). Seu ódio e sua ira agora dirigem-se exclusivamente para a mãe, que optou "viver no suor rançoso de uma cama ensopada em corrupção, se lambuzando e fazendo amor em um chiqueiro asqueroso... com um rei palhaço de remendos e farrapos" (Shakespeare, 2013, p. 109). A morte de seu pai seria vingada em sua mãe se o fantasma de seu pai não reaparecesse e recolocasse o objetivo e o foco de sua ação, alertando-o para que não traísse seu compromisso de vingança. Hamlet deve se concentrar em Cláudio, não em Gertrudes, sua mãe.

Traição e vingança são temas e paixões que povoam o comportamento humano. Em *Hamlet*, assistimos à traição política, à traição familiar, à traição amorosa, à traição das amizades, mas talvez seu ponto mais sublime seja quando Hamlet questiona até que ponto ele trai a si mesmo:

Ser ou não ser, essa é a questão.

Será mais nobre sofrer na alma

As pedradas e flechadas do destino traiçoeiro

Ou pegar em armas contra um mar de riscos

E combatendo, vencê-lo? Morrer, dormir,

Mais nada, e com o sono dizer: acabaram-se

A dor do coração e as mil ameaças

Que a carne pode herdar. É o fim de tudo

Ardentemente desejado. Morrer, dormir.

Dormir, ah, talvez sonhar. Este é o ponto.

Pois nesse sono da morte, que sonhos podem vir

Quando perdemos nossa casca mortal tão torturada?

É por isso que nos detemos, é esse pensamento

Que faz ser tão longa essa vida de flagelos.

Pois quem suportaria as chicotadas e o escárnio do tempo,

As violações do tirano, o insulto do orgulhoso,

As agonias do amor desprezado, a lentidão da lei,

A insolência dos que mandam e o desdém

Que o digno e o resignado recebe do indigno,

Quando você mesmo pode conquistar seu descanso

Com um frio punhal? Quem aguentaria esse fardo,

Gemer e suar sob o peso de uma vida esmagadora,

Se não fosse porque o medo que vem depois da morte,

Do país desconhecido, das regiões de onde

Nenhum viajante voltou, confunde nossa vontade

E achamos melhor aguentar os males que temos

Do que fugir para outros que não conhecemos.

Logo, pensar nos faz covardes.

E a cor viva e saudável da decisão

É tingida pela palidez doentia do pensamento.

E projetos para serem feitos agora, impetuosamente,

Pensados e repensados desviam-se de seus cursos

E perdem o nome de ação. Calma. (Shakespeare, 2013, pp. 83-84)

A traição como tática política em Ricardo III

> *... e já que não posso representar o papel de amante*
> *pra desfrutar a suavidade desses dias, resolvi encarnar*
> *o de vilão e odiar esses prazeres desprezíveis que me*
> *cercam. Conspirei, caluniei e urdi tramas perigosas em*
> *meio a sonhos, difamações e absurdas profecias, para*
> *que o meu irmão Clarence e o meu irmão Eduardo*
> *se odeiem mortalmente. E se o meu irmão Monarca*
> *for tão leal e justo quanto eu sutil, falso e traiçoeiro,*
> *meu irmão Clarence será encarcerado ainda hoje...*
>
> Shakespeare, W. *Ricardo III*

Ricardo III é uma das primeiras peças de Shakespeare. Compõe o ciclo de crônicas da história da Inglaterra que cobrem um período de cem anos, do fim do século XIV até o final do século XV. Elas revelam, entre muitas outras coisas, que em política a traição não se resume a um valor moral em si, mas se traduz em uma tática por vezes necessária para atingir o poder – esse sim um valor fundamental para o exercício da política. A traição e outras vilanias são, portanto, utilizadas para atingir uma finalidade "nobre". Não se apresentam como necessidade artística, mas histórica, fundamental para entender a dinâmica dessa sucessão de monarcas que ascendem ao poder para, em seguida, serem destituídos por seus sucessores. Jan Kott (2003), em *Shakespeare nosso contemporâneo*, ao analisar esse ciclo de crônicas, nos apresenta a imagem do Grande Mecanismo.

> *A história como uma grande escadaria que um cortejo*
> *de reis não para de subir. Cada degrau, cada passo é*
> *marcado por assassinato, perfídia e traição. Cada pas-*

62 TRAIÇÃO – O COMPORTAMENTO HUMANO EM *HAMLET*...

so faz com que o trono se consolide, ou se aproxime do
degrau em que tropeçarei ou então que deverei saltar.
O último degrau está separado do abismo por apenas
um passo. E os bons e os maus, os corajosos e os covar-
des, os vis e os nobres, os ingênuos e os cínicos continu-
am a escalá-la. (p. 31)

O Duque de Gloucester sobe cada um dos degraus dessa escada até se coroar Ricardo III. Essa mesma escada, seus antecessores
subiram, e os que vieram depois dele escalaram até chegarem todos na beira do mesmo abismo e de lá despencarem. A trajetória do Duque de Gloucester estava plena de obstáculos, e ele foi
eliminando e superando cada um deles. Cada degrau um homem
vivo, seria preciso eliminá-lo. É com maestria e terror que ele se
movimenta e sobe cada um dos degraus até chegar ao topo. Onde
estará o homem virtuoso nesse mundo que virou de cabeça para
baixo? Mundo em que se tinha a certeza, até então, de que cada um
de nós era cuidadosamente observado e cuidado pelo olho de ninguém menos que Deus. Um mundo que percebe que não há olho
nenhum a não ser os de cada um, que apontam para onde bem entendem, e aqueles que se cruzam. Virtuoso não é mais aquele que
cumpre resignadamente o seu destino, mas, sim, aquele que o traça
e o executa, aquele que faz acontecer. Gloucester foi

toscamente engendrado. Privado de proporção e har-
monia. Ele é um erro da pérfida natureza. É disforme,
inacabado, lançado ao mundo antes do tempo, tão es-
tropiado que os cães latem quando cruza mancando
perto deles. Nada tinha a fazer naquele tempo de paz
além de passear preguiçoso debaixo do sol para espiar

a sua sombra e dissertar sobre a sua deformidade.
(Shakespeare, 2006, p. 1)

A sua natureza não lhe prenunciara um destino glorioso. Mas Gloucester queria mais. E ele consegue ser coroado rei lançando mão do que poderia ser consagrado como virtuoso naqueles anos renascentistas, sem nenhum pudor ou regra moral.

A traição é uma prática que ele executa com perfeição. Ele trai os irmãos, a mãe, a mulher, os amigos e todos os que cruzam a sua frente até desconfiar que está traindo a si mesmo, mas aí já é tarde demais. Qual é a seara em que se constitui a traição? Quem se deixa trair tem responsabilidade na traição?

Escrevo este texto ainda perplexo com o resultado da eleição presidencial em nosso país. Voltar a *Ricardo III* é assustador:

> *Escrivão – Que beleza de mundo. Quem será tão cretino que não consegue ver manobra tão estúpida? Mas quem será tão corajoso para denunciar o que vê? O mundo não vai nada bem e só pode piorar quando a mentira se propaga descaradamente e já é quase impossível se reconhecer a verdade. (Shakespeare, 2006, p. 52)*

O judiciário da época também estava acima das horas. Para justificar e dar aparência legítima à morte de Lorde Hastings, o escrivão havia demorado onze horas para copiar a sentença que devia ter demorado outras onze para ser escrita, sem contar o tempo do suposto interrogatório e do suposto julgamento. No entanto, cinco horas antes, o executado ainda exercia plenamente seus poderes, gozando de plena liberdade. Lá também a convicção estava acima das provas. Diz o prefeito: ". . . a palavra dos senhores é suficiente. É como se eu próprio o tivesse visto e ouvido. Não tenham

64 TRAIÇÃO – O COMPORTAMENTO HUMANO EM *HAMLET*...

dúvidas, nobres príncipes, que convencerei nossos cidadãos que os senhores agiram movidos pela Justiça e pela Inglaterra" (Shakespeare, 2006, p. 51).

A palavra de Ricardo bastava para consagrar a mentira e a verdade. Por que Ricardo trai com tanta facilidade? Por que quase todos se deixam trair? No caso dessa traição política, parece que Ricardo sabe que seus vícios impregnam de alguma maneira os que estão à sua volta. Seus desejos e sua obsessão de poder estão presentes em algum grau também em seus conterrâneos. Ricardo sabe que, em algum lugar de seus corpos, habita o desejo de transgressão ética e de se "dar bem" custe o que custar. Ricardo triunfa sobre a fragilidade alheia. Sabe também que o poder do medo e do terror é uma maneira extremamente eficaz de paralisar seus opositores e a utiliza largamente. Terror e corrupção fazem renascer os nossos piores instintos e precedem a traição. Talvez seja a traição de si mesmo que permite a traição alheia.

Em certa medida, todos se permitem serem traídos até que seja tarde demais. Essa permissão acontece quando o terror e a ilusão de obter vantagens ganham espaço em cada uma das personagens. Ricardo articula com extrema destreza esse jogo de interesses, galgando cada degrau da escada que o levará ao poder. Traindo cada um que vacila diante de seu terror, de suas mentiras e de suas promessas. É assim com seu irmão rei Eduardo, e com seu irmão Duque de Clarence. Assim é também com Lady Anne, e com Lorde Hastings, Elisabete e seus dois filhos. Ele não perdoa nem mesmo seus sobrinhos ainda crianças. Buckingham consegue escapar, já conhecia bem demais o jogo daquele com quem tinha se aliado e de quem tinha sido braço direito em sua trajetória até a Coroa.

Shakespeare de algum modo nos mostra personagens responsáveis por seu destino, e não apenas vítimas dele. O ser humano em Shakespeare não é predestinado nem cumpre mais nenhuma trajetória divina. Ele é responsabilizado por suas ações e por suas relações. E isso se manifesta não apenas em suas personagens nobres, perpassa toda a sociedade. Na cena do assassinato de Clarence, é na boca dos assassinos que Shakespeare coloca a discussão sobre consciência:

> *Assassino II – . . . A palavra juízo fez nascer em mim uma espécie de remorso.*
>
> *Assassino I – Está com medo?*
>
> *Assassino II – Não de matá-lo, pois cumpro ordem ao fazer isso. Mas tenho medo de ser condenado ao inferno, e contra isso não há ordem que me defenda... Vou deixá-lo viver.*
>
> *Assassino I – Contarei sua frouxidão ao Duque de Gloucester.*
>
> *Assassino II – Espere um pouco. Esse meu ataque de piedade não costuma durar muito. É só o tempo de contar até vinte...*
>
> *Assassino I – Onde está a sua consciência agora?*
>
> *Assassino II – Na bolsa do Duque de Gloucester... A consciência é uma coisa perigosa! Não quero pacto com ela. Faz de um homem um covarde. Não pode roubar sem que o acuse; não se pode deitar com a mulher do vizinho sem que ela o denuncie; não se pode blasfemar sem que ela o censure; não pode jurar sem que lhe tape a boca. A consciência é um espírito tímido e envergonhado que se amotina no peito de um homem. Só cria problemas. Uma vez fez eu devolver uma bolsa cheia*

> *de ouro que eu tinha achado. Ela arruína a vida de um homem. Ela arruína todos que com ela se preocupam. Já foi expulsa de todas as cidades e vilas por ser coisa perigosa. Todo homem que tem a intenção de viver bem deve confiar apenas em si mesmo e dispensar os serviços de sua consciência... Peça ao diabo que ilumine seu espírito e expulse a consciência de seu corpo. Ela só atrapalha.*
>
> *Assassino I – Eu tenho uma formação sólida. Ela não me vencerá... (Shakespeare, 2006, p. 24)*

Os tempos renascentistas não comportavam mais os valores medievais e o homem teve de se reinventar. Shakespeare registrou essa reinvenção como ninguém. A nova concepção da ordem cósmica traduzia também uma nova ordem política, com novos valores, que estabeleceram uma nova ética. O que Maquiavel registrou em seus ensaios históricos, Shakespeare recriou com seu teatro que para ele, repito,

> *desde o princípio e até agora, era e é colocar um espelho diante da natureza, mostrar à virtude a sua cara, ao vício a sua imagem e a cada época a idade e o corpo verdadeiros que ela tem, sua forma e sua aparência. (Shakespeare, 2013, p. 89)*

Uma das cenas mais perturbadoras da peça, a cena de Lady Anne, na qual o terror aduba e o medo rega o terreno em que brotará a corrupção, é emblemática dos novos tempos.

A Guerra das Duas Rosas, entre os York e os Lancaster, chega ao fim com a vitória dos primeiros. Lady Anne acompanha o féretro do rei Henrique, seu sogro, morto por Ricardo. Ele já havia matado anteriormente seu esposo, príncipe Eduardo, filho de Henrique. Lady Anne chora sobre o corpo do sogro e roga as mais terríveis pragas ao assassino, Ricardo:

> *Que sobre o miserável que com sua morte causou nossa miséria caiam mais desgraças do que aquelas que eu possa desejar a serpentes, aranhas, e a todos os répteis venenosos que existam. Se tiver um filho, que seja um aborto monstruoso e que venha à luz antes do tempo, que sua aparência seja horrível, desumana e disforme que a própria mãe sinta pavor em vê-lo e que essa seja a herança de seu poder maléfico. (Shakespeare, 2006, p. 5)*

Ricardo interrompe o cortejo fúnebre, ele planeja casar com Lady Anne, não por amor, mas "por um desejo secreto". Não importa que tenha matado seu marido e o pai de seu marido, "o caminho mais curto para compensar a moça é casar-se com ela" (Shakespeare, 2006, p. 4). O desejo de Ricardo apresenta-se impossível de ser realizado tamanhas a dor e a ira reveladas por Lady Anne em suas lamentações sobre o corpo de seu sogro. Contudo, mesmo com um cadáver entre eles, Ricardo a seduz e a convence a "deixar esses tristes trabalhos de carpideira..." (Shakespeare, 2006, p. 11) e a faz partir para o seu castelo, onde, depois de enterrar o rei, irá encontrá-la para servi-la. O que parecia completamente inverossímil, Shakespeare nos mostra inteiramente possível, e, ao terminar a cena, estamos totalmente convencidos de sua veracidade.

Ricardo não recua em sua vilania, mostra-se violento, como sempre:

68 TRAIÇÃO – O COMPORTAMENTO HUMANO EM *HAMLET*...

> *Lady Anne – ... você não matou este Rei?*
>
> *Ricardo – Concordo.*
>
> *Lady Anne – Concorda porco-espinho? Então Deus também concorda que seja condenado por essa ação maldita. Ele era gentil e virtuoso.*
>
> *Ricardo – Digno do Rei dos céus que o tem agora...*
> *(Shakespeare, 2006, p. 7)*

Ricardo sabe que o terror que ele exerce a fragiliza e não recua, mas acrescenta o seu desejo de possuí-la:

> *Lady Anne – ... Você nasceu para o inferno.*
>
> *Ricardo – Nasci para um outro lugar, se me permite dizer.*
>
> *Lady Anne – Alguma masmorra?*
>
> *Ricardo – Sua cama... (Shakespeare, 2006, p. 8)*

Depois de admitir ser o assassino de seu marido e de seu sogro, e demonstrando a total ausência de limites para a sua vilania, aterrorizando ainda mais a já infeliz Lady Anne, Ricardo apresenta uma janela de sobrevida à sua vítima. Quer possuí-la e, para isso, avança em suas indecorosas propostas até o ponto de desequilibrá-la totalmente. Ela cospe em seu rosto e em sua ira percebe-se próxima de seu algoz. A guarda está aberta e Ricardo não perde tempo ao usar uma estratégia militar para uma conquista amorosa. Vale tudo, terror e declaração de amor, brutalidade e sedução, para desestabilizar o adversário até o golpe final. Lady Anne finalmente cede e se entrega a Ricardo.

A cena, muito difícil em sua execução, muitas vezes traz encenações que não convencem em razão da radical mudança da personagem de Lady Anne, que passa da inimiga violenta à futura esposa de Ricardo. O que poderia tornar essa mudança tão radical verossímil? Quando professor da Escola de Arte Dramática da ECA-USP, tive a oportunidade de trabalhar essa cena com os alunos, e eles me revelaram o realismo possível e verdadeiro que ela contém e como ela ainda tem muito a dizer em nossos tempos. Protagonizavam a cena os atores Naruna Costa e Pedro Mantovani. Na encenação proposta por eles, a cena acontecia ao ar livre num terreno baldio. Lady Anne velava o corpo do sogro coberto por jornal num canto vazio do espaço. Ricardo chegava num opala vermelho cercado de guarda-costas extremamente armados. Ricardo saía do carro e caminhava até Lady Anne e lá a "conquistava". Não havia nenhuma mudança ou adaptação nas palavras do texto, mas o ambiente criado era o da guerra do tráfico de drogas. Essa referência deu verossimilhança à transformação brutal que Lady Anne atravessa na cena. O tripé terror, sedução e corrupção revelou ser crível e assustador para o espectador contemporâneo a autotraição de Lady Anne. A traição a si mesmo aqui não é caráter natural, mas motivada pelas circunstâncias em que as personagens estão envolvidas, o que não a torna menos fatal.

Conclusão

A arte teatral, desde o seu aparecimento no mundo ocidental, sempre teve seus momentos de apogeu nas épocas de grandes transformações sociais, como se precisássemos projetar nossos mais incômodos desejos, nossa vida em sociedade e nossas mazelas em nossos palcos monumentais e em nossos precários tablados. Para que pudéssemos nos reconhecer, nos entreter e nos divertir com nossos vícios e virtudes, com a identificação e estranhamento dos comportamentos humanos apresentados. Nasce e se consolida com a democracia, o teatro é irmão da democracia. Surge quando deixamos de ser uma sociedade agrária e passamos a viver nas cidades, com toda a complexidade e mudança comportamental que isso significa. O teatro surge para nos ajudar a nos entendermos, apresentando modelos e espelhos distorcidos do homem e da sociedade. Nesses espelhos, o espectador se identifica e se estranha. O teatro é uma arte pública, social e coletiva, mas atinge sobretudo o indivíduo. No Renascimento, com o início do capitalismo e com o intenso desenvolvimento científico, vivemos também um processo de urbanização em que nosso comportamento e nossas relações se transformaram radicalmente. Shakespeare foi o grande artista que registrou essa transformação do humano com precisão e poesia. A traição faz parte do comportamento humano, mas desde o Renascimento, com o aparecimento da perspectiva, a opção por um determinado ponto de vista é necessariamente o abandono de um outro. Shakespeare avança numa espécie de cubismo teatral, mostrando um fato e as personagens de várias perspectivas. Isso nos permite observar nos aproximando e estranhando o comportamento das personagens, identificando seus vícios e virtudes de vários ângulos. Percebemos, então, que a traição, tema deste artigo, não é uma questão de caráter nato de uma pessoa, mas, sim, forjada nas suas relações pessoais e sociais, que são dinâmicas e se transformam de acordo com as circunstâncias e os desafios que enfrentam, revelando que o mesmo indivíduo pode ser corajoso e covarde, fiel e traiçoeiro. Trago na memória uma frase de Heiner Müller em *Horácio*: "Há muitos homens num só homem... nenhum homem é outro homem".

Referências

Jones, E. (1970). *Hamlet e o complexo de Édipo.* Rio de Janeiro: Editora Zahar.

Kott, J. (2003). *Shakespeare nosso contemporâneo.* (P. Neves, Trad.). São Paulo: Cosac Naify.

Müller, H. (1988). *Horácio.* (Não publicado).

Shakespeare, W. (2006). *Ricardo III.* (Celso Frateschi, Adapt.). (Não publicado).

Shakespeare, W. (2013). *A tragédia de Hamlet: o príncipe da Dinamarca.* (Aderbal Freire, Trad.). Rio de Janeiro: Somart.

Updike, J. (2001). *Gertrudes e Cláudio.* (Paulo Henriques Britto, Trad.). São Paulo: Companhia das letras.

Inveja – Desequilíbrio e fascinação em *Otelo* e *Coriolano*

John Milton

O excesso, uma certa emoção e a falta de equilíbrio nas personagens trágicas podem ser considerados bases das tragédias de Shakespeare. Nessa mesma linha, pensamos em *Rei Lear*, em *Macbeth*, em *Marco Antônio*. E pensamos nos ciúmes de Otelo. E, claro, pensamos na inveja de Iago, o que é o ponto de partida para nosso estudo. Iago tem 28 anos, entrou no exército cedo na vida, com 14 anos. Até o começo da peça, não temos nenhuma informação acerca de ações traiçoeiras ou malvadas que cometeu, muito pelo contrário, o relacionamento entre ele e Otelo parece ser de confiança mútua, de afeição, e de fato o epíteto "honesto", usado tão ironicamente no decorrer da peça, parece ser correto, quando se refere ao período de sua vida anterior ao retratado na peça. Ele é direto, tosco, gosta de fazer piadas sobre sexo, como faz no Ato II, Cena I, surpreendentemente com Desdêmona numa cena insólita – quem diria que o emblema da virgindade pura poderia entrar nessa troca de insinuações chulas? Mas ninguém poderia acreditar que ele não seja "honesto Iago".

74 INVEJA – DESEQUILÍBRIO E FASCINAÇÃO EM *OTELO* E *CORIOLANO*

Quais são as razões de sua inveja? A razão central é o fato de que Cássio foi promovido acima de Iago, que, depois de cerca de quatorze anos de fiel serviço ao general, aparentemente realizado de maneira exemplar, pensa que merece ser promovido de alferes a tenente. Cássio é um matemático, recém-formado em uma boa escola, um tipo de escola politécnica. Ele é um *gentleman* florentino, segue as regras da cortesia, beija as mãos das damas, é culto, de outra classe social, um homem belo, o que Iago até admite no Ato V, Cena I: "Ele tem tal beleza em sua vida / Que me faz feio" (Shakespeare, 1999, p. 164).

Michele Cássio tem contatos, e ele é o favorito de Otelo, ou talvez tenha havido pressão dos nobres venezianos para Otelo promovê-lo acima de Iago. O ponto mais negativo de Cássio em que Iago insiste é que ele não tem experiência prática de batalha. Não é exatamente essa habilidade que o segundo em comando da força militar veneziana precisa?

Outra possibilidade que Iago menciona é o fato de que Otelo dormiu com Emília, sua mulher, mas isso não parece muito provável: o Otelo que conhecemos não parece ter muito conhecimento do sexo feminino, e nunca podemos imaginá-lo num relacionamento casual com a mulher do seu alferes, que ele respeita muito. Tampouco o relacionamento entre Iago e Emília não parece muito próximo, é possível se perguntar se Iago se importaria muito se ela dormisse com outro.

Será que há uma razão específica da maldade de Iago, da trama que ele costura para pegar Otelo, que destrói Otelo, seu amor por Desdêmona, e que lança a queda do herói mais digno de Shakespeare? Sim, todos nós temos problemas com os nossos chefes, muitas vezes gostaríamos de matá-los, mas poucos de nós realmente tomaríamos essa medida... Como podemos dar conta da crueldade de Iago e descrevê-la? Talvez recorrendo à frase do poeta romântico inglês Samuel Taylor Coleridge, para quem Iago tem uma *"motiveless malignity"*, uma "malignidade sem motivo".[1] Seu ódio, raiva e inveja não encontram razão suficiente. Parece uma força pelo mal que chega sem razão, sem motivo.

Todos os heróis trágicos de Shakespeare sofrem de um desequilíbrio emocional. Em geral, como Otelo, são dominados pela paixão e não conseguem controlar suas emoções. Podemos dizer que lhes falta um equilíbrio dos quatro humores: fleuma (fleuma – água), sanguinidade (sangue – ar), melancolia (bílis negra – terra) e cólera (bílis amarela – fogo).

Assim, Otelo é dominado pela sanguinidade, que logo vira cólera, e lhe falta a frieza fleumática. Nunca lhe ocorre tentar acalmar a situação, conversar com Cássio, Desdêmona e Emília, tentar conseguir provas mais fortes. A inveja faz de Iago o vilão da tragédia, e o ciúme faz de Otelo o herói trágico da peça. Se a Otelo falta fleuma, Iago a tem em excesso, junto com a sua cólera, enquanto falta-lhe a *joie de vivre* da sanguinidade, de poder apreciar a beleza do amor entre Otelo e Desdêmona. A falta de fleuma também pode ser vista em Antônio (*Antônio e Cleópatra*, 1606-1607; em *Macbeth*, 1605-1606; e em *Rei Lear*, 1605-1606), enquanto Hamlet (*Hamlet*, 1600-1601), sempre pensativo, não consegue agir, sua cólera não é nunca suficientemente forte, e sua personagem é dominada pela melancolia.

Ao contrário, as personagens bem-sucedidas têm um bom equilíbrio de humores, especialmente as personagens femininas nas comédias, como Viola em *Noite de Reis* (1599-1600), Rosalinda em *Como você quiser* (1599-1600), e Pórcia em *O mercador de*

---

1 A famosa frase vem de uma nota que Samuel Taylor Coleridge escreveu em sua edição da obra de Shakespeare quando preparou uma série de palestras sobre o autor. Em *Lectures 1808-1819*: on Literature 2:315.

76 INVEJA – DESEQUILÍBRIO E FASCINAÇÃO EM OTELO E CORIOLANO

Veneza (1596-1597). Das personagens centrais de Otelo, somente Emília e Cássio têm esse equilíbrio.

Não há ninguém melhor que A. C. Bradley (1993) para descrever o caos e o desperdício que resulta desse desequilíbrio:

> *Esse sentimento central é a sensação de desperdício. Em Shakespeare, sob qualquer ângulo que se olhe, a piedade e o terror suscitados pelo enredo trágico parecem ora se unir a uma profunda sensação de tristeza e mistério, ora fundir-se nessa sensação, que se deve ao sentimento de desperdício. "Quão maravilhoso é o homem", exclamamos; "tão mais belo e terrível do que vislumbrávamos! Por que reuniria essas qualidades se tamanha beleza, tamanha grandeza, não fazem senão torturar e espezinhar a si mesmas?" Afigura-se termos diante de nós o mistério do mundo inteiro, o fenômeno trágico que se estende muito além dos limites da tragédia. Em toda parte, do pó das pedras sob nossos pés à alma do homem, vemos o poder, o intelecto, a vida e a glória a nos maravilhar e infundir o sentimento de veneração. E em toda parte nós os vemos tombar, devorando uns aos outros e destruindo-se mutuamente, muitas vezes com indizível sofrimento, como se não existissem para outro fim. A tragédia é a forma típica desse mistério, porque a grandeza da alma que ela nos apresenta oprimida, em conflito, massacrada, é a mais elevada forma de existência que temos diante dos olhos. Ela nos arrasta na direção do mistério e nos faz perceber tão intensamente o valor daquilo que é desperdiçado que*

não há como buscarmos conforto na ideia de que tudo é vaidade. (pp. 16-17)

Vemos homens e mulheres entregando-se confiantemente a semelhante tarefa. Eles se lançam sobre a ordem estabelecida das coisas em defesa de suas ideias. Mas o que conquistam não é o que pretendiam; é algo terrivelmente diverso. Não compreendem nada – dizemos para nós mesmos – do mundo no qual se movimentam. Lutam como cegos na escuridão, e o poder que opera por intermédio deles faz deles o instrumento de um desígnio que não lhes pertence. Agem livremente, e, não obstante, suas ações atam-lhes os pés e as mãos. E é indiferente se suas intenções eram boas ou más. (pp. 19-20)

Vamos passar agora a uma tragédia de Shakespeare menos conhecida, pelo menos no Brasil, *Coriolano* (1607-1609), que conta como Caio Márcio, o grande general romano, tomou a cidade de Corioli dos volscos e se tornou uma figura odiada entre o povo romano, o que resulta no seu exílio. O orgulhoso general romano, por causa de seu valor na guerra contra os volscos, tomando a cidade de Corioli, recebe o apelido de Coriolano. Após seu retorno a Roma, o senado lhe destina ser nomeado cônsul, mas a sua atitude arrogante e desdenhosa com a plebe o torna impopular e, apesar dos esforços de Menênio Agripa, os tribunos conseguem seu exílio.

Ele vai para a casa de Túlio Aufídio, general dos volscos, seu leal inimigo; ele é recebido calorosamente por Aufídio e é colocado à frente dos volscos para se vingar dos romanos. Coriolano chega às muralhas da cidade, e os romanos, para salvar a cidade da destruição, enviam até Coriolano velhos amigos, que o exortam a

78 INVEJA – DESEQUILÍBRIO E FASCINAÇÃO EM *OTELO* E *CORIOLANO*

concordar, mas em vão. Finalmente, a mãe de Coriolano, a forte e corajosa Volúmnia, sua esposa Virgília e seu filho vão implorá-lo para que salve a cidade. Ele cede aos pedidos da mãe, conclui um tratado favorável para os volscos e retorna com eles para a cidade de Anzio. Ali, Aufídio o acusa de ter traído os interesses dos volscos, e, com a ajuda de conspiradores, Coriolano é morto em praça pública.

Aqui, a inveja aparece como central na trama no relacionamento entre Coriolano e Aufídio. São inimigos guerreiros mortais, mas grandes admiradores um do outro, e, na cena na casa de Aufídio, quando Coriolano foge de Roma para se juntar aos volscos, os elementos homoeróticos da luta corporal são muito claros:

> *Aufídio – Márcio, Márcio! Cada palavra arrancou de meu peito uma raiz da má erva da inveja. E, se Júpter de uma nuvem falasse, em tom divino, para dizer "É assim", não cria eu mais do que em ti, nobre Márcio. Que os meus braços possam agora envolver esse corpo no qual cem vezes parti minha lança marcando a lua com lascas. Abraço a bigorna do meu aço, e me engajo com a mesma nobreza ao teu amor como jamais, com a força da ambição, lutei com o teu valor. Sabe, primeiro, que amei a minha noiva; homem algum suspirou mais; mas ver-te aqui, agora, faz dançar ainda mais meu coração do que ver minha amada, após a boda, cruzar a minha porta. Marte vivo, está pronta a tropa, e era meu intento outra vez arrancar-te escudo e carne, ou perder o meu braço. Venceste-me doze vezes, e as minhas noites todas são sonhos de combates entre nós – no meu sono, nós já nos derrubamos, sem elmo nos pegamos as gargantas – e acordei semimorto e sem nada. Márcio, sem outra queixa contra Roma que não*

o teu exílio, todos nós entre os sete e os setenta, qual dilúvio, pelas entranhas dessa Roma ingrata verteríamos guerra. Entra agora, toma a mão, como amigo, aos senadores que aqui estão para se despedir de mim, que irei atacar teus territórios, mas não a própria Roma.

Coriolano – *É uma benção!*

Aufídio – Portanto, grande herói, se desejares ser comandante da própria vingança, toma-me meia tropa e faz os planos como melhor julgar, já que conheces do teu país a força e a fraqueza: se é na porta de Roma que batemos, ou se atacamos pontos mais distantes para assustar e só depois destruir. Mas entra para conhecer primeiro os que hão de atender os teus desejos. Mil vezes bem-vindo! Seja maior amigo que inimigo – e o foi grande! A tua mão! Bem-vindo! (Shakespeare, 2004, pp. 156-157)

Aufídio convida Coriolano a liderar os volscos junto com ele, mas a habilidade marcial de Coriolano é maior do que a de Aufídio, e Coriolano chega às muralhas de Roma para tomá-la. Agora Coriolano é o líder, e Aufídio se torna o general humilhado pela habilidade guerreira de Coriolano. A inveja toma conta de Aufídio, o amor que sente por Coriolano se torna raiva e ódio, e, como Iago derruba Otelo, ele procura derrubar Coriolano, e isso acontece logo, quando Aufídio se aproveita do fato de que Coriolano, na batalha no começo da peça, foi responsável pela morte de muitos dos habitantes da cidade de Corioli.

Aufídio – Sim Márcio, Caio Márcio! Ainda pensa que lhe concedo o nome que furtou, Coriolano, em Corioli?

Nobres e governantes, com perfídia traiu-nos ele a causa, concedendo por uns pingos salgados, sua Roma, sim, digo "sua", a sua esposa e mãe; quebrando juras e planos como se fossem um nó de seda podre, sem consulta ao conselho de guerra: só por prantos ele entregou, aos gritos, sua vitória, envergonhando os pajens e deixando os homens, espantados. Se entreolhando. (Shakespeare, 2004, p. 205)

Os paralelos com *Otelo* são claros. Aufídio é calculista, fleumático, com certas qualidades de Iago, enquanto a Coriolano faltam essas qualidades. Muitas vezes é dominado pela cólera. Sua vida e valores são inteiramente marciais, e ele não tem as qualidades necessárias para a sobrevivência num mundo altamente político. Longe da guerra, parece uma criança. Não consegue esconder seu desprezo pelos tribunos; nega-se a se curvar ante eles para pedir a honra de ser nomeado cônsul; e sua grande fraqueza é sua obediência cega a sua mãe Volúmnia.

Já vimos dois dos exemplos mais relevantes de um primeiro tipo de inveja: desgosto provocado pela felicidade ou prosperidade alheia, a malignidade sem motivo de Iago, e a inveja calculista de Aufídio. Agora, vamos examinar casos de um segundo tipo de inveja, o desejo irrefreável de possuir ou gozar o que é de outrem, quase sempre ligado ao desejo sexual e ao ciúme, que Shakespeare utiliza com certa frequência em suas peças.

Já vimos como Otelo é destruído por essa emoção, e agora podemos ver o caso de Leontes, em *Conto de inverno* (1610-1611), que tem problemas semelhantes. Desconfia que a sua mulher, Hermione, esteja o traindo com o melhor amigo de sua juventude, Polixenes, rei de Boêmia, e que ela engravidou dele. Manda prender Hermione, na cadeia ela tem uma filha e, aparentemente, morre, mas sua leal governanta Paulínia a está escondendo. Com a ajuda de Camillo, a criança é levada por Antígono a Boêmia, onde ele é atacado e morto por um urso, mas a nenê é acolhida por camponeses, cresce, e o filho de Polixenes, Florizel, se apaixona por ela. Porém, Polixenes fica sabendo, fica com uma raiva semelhante à de Leontes no começo da peça, e o casal foge com a ajuda de Camillo para a Sicília, onde são acolhidos por Leontes, que vive uma vida de reclusão e arrependimento. *Conto de inverno* (1610-1611) é uma comédia em forma de romance, com final feliz, em que são celebrados a reunião e a reconciliação entre Leontes e Hermione, a qual Leontes descobre que nunca de fato morreu, o casamento entre Perdita e Florizel, e outro entre Camillo e Paulínia.

Numa tragédia como *Otelo*, a inveja e o ciúme são os fatores que resultam no final trágico, mas o movimento da comédia é o contrário. O problema, o empecilho, a lei e muitas vezes a intransigência dos velhos, como em *Sonho de uma noite de verão* (1594--1596), são superados por uma reviravolta na personagem, ou por um *deus ex machina*, nesse caso, o aparente milagre do retorno de Hermione à vida, transformando-se de uma estátua no ser humano de antes. O problema foi superado, e *Conto de inverno* acaba com três casamentos e um final feliz.

A trama de *Otelo* e *Conto de inverno* é utilizada por Shakespeare em várias peças. O marido, amante ou noivo engana-se, ou é enganado, e pensa que a amada esteja lhe traindo. Ele é tomado pela raiva e pelo desespero e a ameaça de morte ou a mata. No final da peça, descobre-se o erro: nas comédias, tudo é resolvido para o bem; mas, na tragédia de *Otelo*, já é tarde demais. Otelo já teria matado Desdêmona.

Vamos ver agora em várias outras peças a trama de "desejo irrefreável de possuir ou gozar o que é de outrem", o ciúme porque a amada traiu, a honra que acabou, e o desespero que vem.

82 INVEJA – DESEQUILÍBRIO E FASCINAÇÃO EM *OTELO* E *CORIOLANO*

Em *Muito barulho por nada* (1598-1600), o malvado Don John, irmão bastardo de Don Pedro, que tem muito em comum com Iago, monta uma cena na qual Margaret – a criada de Hero, a amada do soldado jovem, Cláudio – usa a roupa de Hero para conversar no seu balcão com seu pretendente Borachio. Como em *Otelo*, as provas são superficiais, mas Cláudio deixa-se enganar da mesma maneira fácil de Otelo, e, no altar, com Cláudio e Hero prontos para se casarem, a denuncia. Hero desmaia, e Cláudio recebe a notícia de que ela morre. No desfecho, quando a malvadeza de Don John é descoberta, o Cláudio arrependido concorda em se casar com a sobrinha de Don Pedro, sem ver seu rosto. Claro, é Hero, os dois são reconciliados, e a comédia termina com os casamentos de Cláudio e Hero, e de Beatriz e Benedito.

Em *Medida por medida* (1604), há uma variação desse tipo de engano. O Duque Vincentio de Viena deixa Lorde Ângelo no comando da cidade de Viena, e o instrui a fazer cumprir as leis morais mais rigorosas, incluindo a pena de morte por luxúria. Ângelo tem grande prazer em levar essas ordens e acaba condenando Cláudio a morrer por ter engravidado sua noiva Julieta antes de se casarem. A irmã de Cláudio, Isabella, pretende entrar num convento, e pede a Ângelo que perdoe seu irmão. De repente, Ângelo sente forte atração sexual por Isabella, e concorda, mas apenas se ela dormir com ele. Ela se recusa, apesar dos argumentos de Cláudio tentando convencê-la.

O Duque, disfarçado como freira, trama um plano para libertar Cláudio, salvar a dignidade de Isabella e pegar Ângelo. Ângelo já foi casado com uma mulher chamada Mariana, mas desistiu dela quando seu dote estava perdido no mar. O Duque diz a Isabella que ela deve concordar com a proposta de Ângelo, mas, naquela noite, Mariana tomaria seu lugar e Ângelo seria forçado a se casar com Mariana e a perdoar Cláudio. O plano funciona,

Ângelo se casa com Mariana, e o Duque, ao se revelar, pede Isabella em casamento.

O frio e fleumático Ângelo perde sua frieza e calma, corrompe-se, e deseja o corpo de Isabella em troca do favor de salvar a vida de Cláudio. Há um paralelo entre a luxúria de Cláudio e a luxúria que está dominando Ângelo. Ele dorme com Mariana, pensando que é realmente Isabella, e acaba casando-se com ela. A peça, muitas vezes descrita como "comédia problemática" ou "peça problemática", termina com casamentos, e uma paz e final mais ou menos feliz. A inveja erótica aparece, há ameaças que destruirão o bem-estar de Viena, mas no final da peça uma tênue paz se estabelece.

A inveja sexual é também central em outra peça do período tardio de Shakespeare, *Cimbeline* (1609-1610), na qual Iachimo consegue convencer o exilado Póstumo de que dormira com sua mulher, Imogen. Iachimo consegue se esconder dentro de uma arca que é levada para o aposento de Imogen. Sai da arca, anota as decorações do quarto, rouba um bracelete do pulso de Imogen, descobre seu corpo e anota suas pintas, e de volta à Itália aproveita essas informações para convencer Póstumo de que dormiu com Imogen. Irado, Póstumo ordena à Pisânio, seu servo, o assassinato de Imogen e marca um encontro em Milford Haven. Imogen sabe dos planos de Póstumo e se disfarça de menino, adotando o nome de Fidélio. Ao passar mal, a princesa adormece, tendo tomado o remédio, que é realmente um veneno fornecido pela rainha malvada, que quer se livrar de Imogen para colocar seu filho Cloten no trono. Mas o veneno não a mata, pois o médico Cornélio o substituíra por um sonífero como o que Julieta toma em *Romeu e Julieta*. Em Milford Haven, Guidério, um dos dois filhos exilados do rei Cimbeline, mata Cloten e corta-lhe a cabeça, colocando seu corpo ao lado da Imogen "adormecida". Ao acordar, surpresa, ela pensa que o morto é Póstumo, mas Póstumo com Belário,

84 INVEJA – DESEQUILÍBRIO E FASCINAÇÃO EM *OTELO* E *CORIOLANO*

Guidério e Arvirago (filhos do rei Cimbeline) participa da batalha contra os romanos e derrota-os. A rainha morre, mas antes, em seu leito de morte, confessa sem remorso suas conspirações. Na cena final, reunidas todas as personagens que sobreviveram, Cimbeline encontra o "menino", que lhe parece familiar. Iachimo confessa a aposta que fez com Póstumo de que conseguiria dormir com Imogen, mulher de Póstumo. Eufórica, Imogen se joga nos braços de Póstumo, que inicialmente a rejeita até Pisânio esclarecer a verdadeira identidade do "menino". Belário revela as identidades de Guidério e Arvirago: filhos e herdeiros do rei. Imogen agora está livre para viver com Póstumo. E, após muitas complicações, temos nosso final feliz: Póstumo reconhece o erro que cometeu ao confiar demais nas palavras de Iachimo, que confessa tê-lo enganado. De novo, o verdadeiro amor vence, a força positiva da vida conquista a negação da inveja sexual.

A última peça de que trataremos é *Troilo e Créssida* (1601-1602). E aqui temos uma diferença em relação às peças que acabamos de analisar. O amor entre o casal parece tão puro e forte quanto o de Romeu e Julieta. Pandaro, o tio de Créssida, os reúne e, depois de se comprometerem a se amarem para sempre, leva-os a um quarto para consumarem seu amor. Enquanto isso, o pai de Créssida, o traiçoeiro sacerdote de Troia, Calchas, pede aos comandantes gregos que troquem prisioneiros de Troia por sua filha, para que ele possa se reunir a ela. Os comandantes concordam, e na manhã seguinte, para o desânimo de Troilo e Créssida, o negócio é feito, e o lorde grego Diomedes deve levar Créssida para longe de Troia. Dessa vez não haverá um desfecho mágico ou de *deus ex machina* para juntar os amantes, e no último ato Ulisses leva Troilo à tenda de Calchas, onde o príncipe troiano observa escondido, enquanto Créssida concorda em se tornar amante de Diomedes. Troilo, desesperado, decide dedicar-se à guerra.

E aqui temos uma visão mais realista. *Troilo e Créssida* é uma peça sobre a qual não há nenhum tipo de consenso crítico. É uma obra antiguerra? Uma peça histórica? Uma comédia com final quase feliz? Uma comédia escura? Ou deve ser incluída entre as peças problemáticas? Talvez uma peça "cínica", demostrando que existe traição, inveja, desapontamento, e que o amor ideal é difícil de ser alcançado.

Referências

Bradley, A. C. (2009). *A tragédia shakespeareana: Hamlet, Otelo, Rei Lear, Macbeth*. (Alexandre Feitosa Rosas, Trad.). São Paulo: Martins Fontes. (Publicado originalmente em 1993).

Shakespeare, W. (1999). *Otelo*. (Barbara Heliodora, Trad.). Rio de Janeiro: Lacerda.

Shakespeare, W. (2004). *Coriolano*. (Barbara Heliodora, Trad.). Rio de Janeiro: Lacerda.

Ciúme – Os discursos patriarcal, misógino e paranoico na dramaturgia de Shakespeare

Marlene Soares dos Santos

> *O ciúme vem do ciúme. É um monstro*
> *Que a si mesmo gera e a si mesmo procria.*
> Shakespeare, W. *Otelo*, Ato III, Cena IV, p. 213

> *Senhor, curai-vos da idéia infecciosa,*
> *E logo; é um perigo.*
> Shakespeare, W. *O conto do inverno*, Ato I, Cena II, p. 58

O ciúme é um motivo recorrente na dramaturgia de William Shakespeare, independentemente do gênero. Ele se faz presente nas comédias *As alegres matronas de Windsor* e *Muito barulho por nada*; na tragédia *Otelo, o mouro de Veneza*; e nas tragicomédias[1] *Cimbeline, rei da Britânia* e *O conto do inverno*. O objetivo deste ensaio é propor que o discurso do ciúme veiculado nas peças se encontra imbricado com outros, como o patriarcal, o misógino e o paranoico, destacando as estratégias empregadas pelo dramaturgo

---

1 As peças também são denominadas "romances" ou "peças tardias".

88 CIÚME – OS DISCURSOS PATRIARCAL, MISÓGINO E PARANOICO...

para desenvolver os conflitos gerados pelas personagens ciumentas e suas consequências – cômicas, trágicas ou semitrágicas. Para tanto, é necessária uma breve inserção no contexto sócio-político--cultural da produção teatral shakespeariana.

William Shakespeare nasceu em 1564 e morreu em 1616. A rainha Elisabete I, última descendente da dinastia Tudor, reinou de 1558 a 1603, quando subiu ao trono Jaime I, que iniciaria a dinastia dos Stuarts, a qual seria interrompida tragicamente com o seu filho Carlos, executado em 1649. Isso significa que Shakespeare viveu quase toda a sua vida tendo o mesmo chefe de Estado – a rainha Elisabete – mas que a sua obra, que se estende de 1590-1591 a 1613-1614, apesar de ser denominada "elisabetana", foi escrita entre os períodos elisabetano e jaimesco.

O século XVI foi um século bastante conturbado para a Inglaterra, marcado, principalmente, pela mudança de religião: do catolicismo ao anglicanismo – o protestantismo do reinado de Henrique VIII (1509-1547) e de sua filha Elisabete. É uma sociedade marcada pelo embate entre a ideologia residual da Idade Média, que resiste, a ideologia emergente da Idade Moderna, que insiste em se instalar, e a ideologia dominante, que tenta se equilibrar entre as duas. Consequentemente, há vários discursos circulantes, e, muitos deles, contraditórios. Para o objetivo deste ensaio, inicialmente devo destacar dois: o patriarcal e o misógino.

O sistema patriarcal na era elisabetana-jaimesca era alicerçado na tradição, na religião e na política, e concedia todo o poder ao homem. Ele centrava uma autoridade despótica na figura do pai e do marido, mas enquanto os filhos mais tarde se libertavam e reproduziam o modelo paterno, as filhas permaneciam vítimas, submissas aos homens da família, em particular – pai, marido, irmão e filho –, e aos homens da sociedade em geral. O patriarcado encontrou grandes argumentos em discursos filosóficos, religiosos, científicos e legais destinados a provar a inferioridade "inerente" à mulher. Pesquisadores da história e da cultura inglesas dos séculos XVI e XVII são unânimes em afirmar que a mulher perdeu espaço na sociedade dessas épocas. Entre os fatores que contribuíram para isso, encontram-se as mudanças na economia – da agrária para a mercantilista –, em que o trabalho familiar, comunal, gradativamente cedeu espaço ao trabalho individual, separando as tarefas masculinas das femininas, confinando as mulheres ao lar e ao trabalho doméstico; e, também as mudanças na religião, sendo o protestantismo, apoiado pelo Estado e que pregava a subordinação dos súditos ao soberano, extremamente responsável pelo fortalecimento do patriarcado. À medida que a nova fé protestante se estabilizava, também diminuía a disposição dos reformadores para conceder igualdade às mulheres. A família patriarcal foi mais do que reforçada: agora, não somente o pai sabia o que era certo, mas ele sabia mais do que o padre, cujo papel ele adotou, a ponto de liderar a família nas preces diárias e conduzir as leituras da Bíblia. Segundo o historiador Lawrence Stone (1990, p. 141), as outras desvantagens que a abolição do catolicismo trouxe para as mulheres foram: a proibição aos cultos das santas e da Virgem Maria, que as deixaram espiritualmente desamparadas em momentos difíceis; a falta de um padre confessor, que, muitas vezes, as ajudava nos problemas familiares; e a extinção dos conventos, que suprimia uma possibilidade outra à instituição do casamento. As descendentes de Eva eram geralmente consideradas moralmente fracas, um truísmo expresso por Hamlet ao condenar o comportamento da mãe na sua famosa frase: "Fraqueza, teu nome é mulher" (Shakespeare, 2015, p. 62).

A misoginia era uma grande aliada do patriarcalismo vigente; muitas vezes seus discursos eram complementares. Para Jack Holland (2006), autor do livro *A Brief History of Misogyny: the World's Oldest Prejudice*, a misoginia é vista por muito homens

90 CIÚME – OS DISCURSOS PATRIARCAL, MISÓGINO E PARANOICO...

como algo inevitável desde a queda de Adão e Eva, e não como preconceito, óbvio demais para ser notado. Segundo Holland (2006),[2]

> *em diferentes civilizações, em períodos diferentes, o registro histórico é claro: era considerado perfeitamente normal para os homens condenarem as mulheres ou expressarem o seu total desprezo por elas simplesmente por serem mulheres. Todas as grandes religiões do mundo, e os filósofos mais renomados do planeta, têm olhado a mulher com desprezo e uma suspeita que, às vezes, beirou a paranoia. (p. 269)*

A mulher ideal da era elisabetana-jaimesca, cuja identidade era construída por meio de panfletos morais, tratados educacionais, manuais de conduta, textos literários e pregações da Igreja e do Estado, era frágil, submissa, modesta, casta, silenciosa e sempre pronta a obedecer aos homens. Era comum aquelas que sabiam ler terminarem as cartas aos maridos assinando "sua fiel e obediente esposa". Se havia mulheres que se esforçavam para atingir esse ideal e outras que, simplesmente, se resignavam com a sua posição, havia umas poucas cujas personalidades, talentos e habilidades contestavam os discursos patriarcal e misógino da época. A própria rainha Elisabete era um exemplo vivo da contradição entre discurso e prática, sendo chefe de um Estado patriarcal, mandando, quando, em razão do fato de ser mulher, deveria obedecer. E, apesar do seu amigo e rival Ben Jonson (1572-1637) ter escrito que "Shakespeare não pertencia a uma época, mas a todas" na primeira edição de sua obra completa em 1616 (*The First Folio*), ele era, inevitavelmente, um homem do seu tempo, influenciado pelo

---

2 As traduções dos textos críticos são nossas.

comportamento do povo, fatos e ideias do seu momento histórico que surgem refletidos em sua obra.

As inglesas, em geral, eram consideradas mais livres do que as suas contemporâneas europeias, variando o trajeto entre a casa e a igreja, sendo vistas nas ruas, nos mercados e nos teatros, o que justificava um ditado comum na época: "a Inglaterra é o paraíso das mulheres, o inferno dos cavalos e o purgatório dos criados". As protagonistas de *As alegres matronas de Windsor* (1597-1598) são exemplos de mulheres fortes, que habitavam o "paraíso inglês", na peça representado pela pequena cidade de Windsor, que acolhe forasteiros de outras terras, como País de Gales e França, e de outras cidades, como Londres, como é o caso de *Sir* John Falstaff e seus companheiros. É a única incursão de Shakespeare na domesticidade da sociedade burguesa e rural do seu país.

Essa comédia focaliza no seu enredo principal a maior ansiedade masculina em relação ao casamento, reproduzida extensivamente em textos da época, literários ou não: ser traído pela mulher e, consequentemente, ser chamado de corno e ridicularizado pela comunidade. *Sir* John Falstaff – a maior criação cômica shakespeariana, oriundo das peças históricas, *Henrique IV*, partes I e II –, estando sem dinheiro e confiante nos seus dotes de conquistador, resolve cortejar a sra. Ford e a sra. Pajem ao mesmo tempo, escrevendo-lhes a mesma carta, com base na informação de que elas teriam acesso às bolsas dos maridos. Recusando-se a entregar as cartas e sendo despedidos por Falstaff, o agora ex-criado Nunca conta ao sr. Pajem as intenções do antigo patrão de cortejar a sua esposa, e o ex-criado Pistola faz o mesmo com o sr. Ford. O primeiro desvaloriza a informação enquanto o segundo vê na denúncia uma confirmação de sua crença na fragilidade moral de todas as mulheres e critica o amigo por confiar na sua. Em um solilóquio misógino, extremamente revelador, ele condensa todo o seu medo

92   CIÚME – OS DISCURSOS PATRIARCAL, MISÓGINO E PARANOICO...

de ter a honra manchada pela infidelidade da esposa e de ser chamado de corno, como também faz uma diatribe contra todas as mulheres em geral, e que merece ser citada quase na íntegra:

> *Quem ousa repetir que o meu ciúme era infundado?... Minha cama ficará manchada, meus cofres serão saqueados, minha reputação dilacerada... Nomes! Apelidos! Qualificativos! Lúcifer ainda vai. Satanás, eu suporto. Belzebu, eu engulo. Asmodeu, vá lá! São todos apelativos demoníacos, designativas infernais. Mas, corno! E corno consentido! Corno! Não. O próprio diabo nunca foi chamado disso apesar dos chifres. Pajem é um quadrúpede, um perfeito asno. Confia na mulher. Não tem ciúmes. Eu com mais facilidade confiaria minha manteiga a um flamengo, o meu queijo a um galês como o Hugo, minhas reservas de aguardente a um irlandês, do que a minha mulher a ela própria. Porque, quando a mulher está só, a mulher pensa. Quando pensa, conspira. Quando conspira, age. Pois quando deseja qualquer coisa, a mulher realiza, não lhe importando os meios. Eu agradeço ao céu o meu ciúme. O encontro é às onze horas. Vou surpreender minha mulher, castigar Falstaff e rir de Pajem. Vou correndo. Melhor três horas antes que um minuto depois. Corno! Corno! Corno! (Shakespeare, 1995, p. 40)*

A conduta enlouquecida de Ford é criticada pelo seu amigo Pajem: "Que demônio te sugere esse comportamento? Os chifres que tua mulher se recusa a te plantar por fora parece que o maligno te enfiou por dentro da cabeça" (Shakespeare, 1995, p. 56). Como estamos no âmbito da comédia, temos um final feliz: as comadres conseguem, por meio de suas artimanhas, castigar tanto o conquistador barato como o marido ciumento, e, o que é mais importante, este se apresenta sinceramente arrependido: "Perdoa-me, querida... antes de duvidar de ti suspeitarei primeiro do calor do sol. Creio que agora aquele herege tem pelo menos uma fé – a tua honestidade" (Shakespeare, 1995, p. 72).

Outra comédia que aborda o tema do ciúme é *Muito barulho por nada* (1598). A sua estrutura entrelaça duas histórias: a principal, de Hero e Cláudio, que será focalizada; e, apesar de ser secundária, a de Beatriz e Benedito, que é mais atraente pelas personalidades fortes dos dois protagonistas. A ação se passa em Messina, com a chegada do príncipe Dom Pedro de Aragão e os seus comandados, que vieram de uma guerra vitoriosa contra o seu irmão bastardo Dom João, que, derrotado e perdoado, também faz parte do grupo. Estamos diante de uma sociedade aristocrática, refinada, que hospeda membros da realeza e os diverte com bailes de máscaras.

Cláudio, encantado por Hero, filha de Leonato, o governador, pede a Dom Pedro que lhe faça a corte por ele, seguindo os moldes tradicionais. O príncipe é bem-sucedido, mas Dom João, um precursor de Iago, o vilão de *Otelo*, diz a Cláudio que ele foi traído pelo irmão; Cláudio acredita, se entristece, e duvida da amizade entre homens até que o engano seja desfeito e o noivado realizado. Entretanto, na segunda vez em que tenta destruir a felicidade de Cláudio sem nenhuma razão além do fato de ser um bastardo (*"bastard"*) e um descontente (*"malcontent"*), ambos tipos malévolos da dramaturgia elisabetana, Dom João é mais eficiente: ele diz ao rapaz que Hero recebe um homem à noite no seu quarto e convida Cláudio e, também, o príncipe a espionarem a noiva na véspera do casamento. Um dos seguidores de Dom João convence uma das criadas da casa a usar um vestido de Hero e a aparecer na

94   CIÚME – OS DISCURSOS PATRIARCAL, MISÓGINO E PARANOICO...

janela do quarto desta enquanto é visitada por ele, justamente na noite em que Hero vai dormir no quarto da prima Beatriz. Louco de ciúmes, Cláudio promete se vingar da suposta traição de Hero.

Na hora da cerimônia de casamento, Hero é acusada de infidelidade e violentamente atacada por Cláudio, Dom Pedro, Dom João e pelo próprio pai. Este só pensa em si e lhe pede que, ainda desmaiada, ela tenha a decência de morrer. E ainda ameaça: "Se o que disseram for verdade / A mato com estas mãos" (Shakespeare, 2016, p. 772). Frei Francisco, que, assim como Beatriz, acredita na honestidade da moça, sugere um plano para que esta possa ser inocentada: ela será dada como morta e escondida por ele até que tudo seja esclarecido.

A morte fictícia de Hero se torna uma denúncia da sociedade patriarcal e misógina de Messina, em que quatro homens poderosos (o príncipe, seu irmão, o noivo e o pai da noiva) se juntam para ferir, humilhar e, simbolicamente, assassinar uma mulher falsamente acusada de infidelidade por um homem que já se mostrou totalmente indigno de confiança: Dom João. Em suma, a sua mentira faz efeito porque encontra eco nos discursos circulantes sobre a fragilidade da moral feminina, nos quais os homens acreditam piamente. A comédia não permite que a morte se concretize e oferece ao casal a segunda chance que a tragédia recusa: a trama de Dom João é descoberta, a virtude de Hero reconhecida e Cláudio, penitente, recupera a noiva que ele havia injustamente repudiado.

A ansiedade masculina em relação à infidelidade feminina que já vimos com a reação do sr. Ford à ideia de ser chamado de corno perpassa toda a ação de *Muito barulho por nada* por meio de piadas e tiradas jocosas por parte de um dos protagonistas – Benedito. Logo na primeira cena do primeiro ato, Dom Pedro diz a Leonato, ao notar a presença de Hero: "Creio que essa é sua filha". E Leonato responde: "Sua mãe muitas vezes assegurou-me que sim". E

Benedito, intrometendo-se na conversa: "E o senhor o duvidava para ter de perguntar-lhe?" (Shakespeare, 2016, p. 708). E, mais tarde, confessa:

> *Como uma mulher concebeu-me, lhe agradeço; por me ter criado, igualmente ofereço-lhe meu humilde agradecimento; mas por desejar pendurar um par de galhos em minha testa... que todas as mulheres me perdoem. Como não quero ferir nenhuma desconfiando dela, dou-me o direito de não confiar em nenhuma. (Shakespeare, 2016, pp. 712-713)*

O discurso misógino de Benedito reflete não só o medo de se apaixonar como também uma insegurança quanto à fidelidade feminina: "O touro selvagem pode ser, mas, se o sensato Benedito aceitar [a canga], arranquem os chifres do touro, ponham-no em minha testa e façam um retrato horrendo meu, anunciando em letras grandes: ...Este é Benedito, o casado" (Shakespeare, 2016, p. 713). Claro que uma das delícias da peça é ver o misógino Benedito e a megera Beatriz se apaixonarem; mesmo assim, as palavras que ele dirige a Dom Pedro no final evidenciam que as suas inquietações não foram dissipadas: "Príncipe, o senhor está triste: arranje uma mulher, arranje uma mulher! Não há bastão mais respeitável do que o com ponta de chifre" (Shakespeare, 2016, p. 713).

Como afirma Phyllis Rackin (1991), a repressão da mulher está ligada ao fato de que,

> *autorizada pelo princípio da herança patrilinear, a sociedade patriarcal dependia para a sua própria existência das esposas dentro de cujos corpos a herança era transmitida de pai para filho. Como resultado, as*

96 CIÚME – OS DISCURSOS PATRIARCAL, MISÓGINO E PARANOICO...

> *mulheres significavam uma fonte constante de ansiedade; pois, como as piadas de cornos de Shakespeare infinitamente insistem, nenhum homem podia realmente saber que ele era o pai do menino que estava destinado a herdar o seu nome e a sua propriedade. Como as únicas sabedoras daquele mais importante e mais perigoso dos conhecimentos, as mulheres ameaçavam desonrar os homens e deserdar os seus filhos, e, assim fazendo, subverter todo o processo da história do patriarcado. (p. 160)*

Otelo, o mouro de Veneza (1604) é considerada uma das quatro grandes tragédias shakespearianas, sendo as outras Hamlet, o príncipe da Dinamarca (1601), Rei Lear (1605-1606) e Macbeth (1606). É a única cujo desfecho não deslancha consequências políticas, e, por isso, é denominada de "tragédia doméstica".

O enredo narra a história de amor entre o mouro Otelo, um general a serviço da cidade-estado de Veneza, e a veneziana Desdêmona, que tentam superar todas as diferenças que os separam – raça, cultura, religião, idade e classe. Certa de que o pai não lhe daria o consentimento para desposar Otelo, por quem se apaixonou quando ele era um convidado bem-vindo à sua casa, Desdêmona foge para se casar com ele. Alertado por Iago, alferes de Otelo, o pai, Brabâncio, acusa o mouro no senado de ter-lhe enfeitiçado a filha, que, chamada a depor, nega a acusação, declarando o seu amor por ele. Brabâncio rompe com a filha e o casal parte para Chipre, ilha que os turcos ameaçam invadir e que será defendida por Otelo. Enredado por Iago em uma trama que denuncia a suposta infidelidade de Desdêmona com o belo capitão Cássio, Otelo termina por assassiná-la; no entanto, ao saber pela esposa de Iago, Emília, que ela era inocente, ele se suicida.

A ação se passa em duas localidades completamente diferentes: Veneza e Chipre; se a primeira era sinônimo de riqueza, poder e sofisticação, a segunda era apenas um posto avançado no Mediterrâneo, estratégico na defesa do Estado cristão veneziano contra os ataques dos mulçumanos turcos. Veneza também era famosa na época pelo número de cortesãs e pela considerada lassidão moral das esposas. Visitando a cidade em 1590, o aristocrata inglês Sir Henry Wotton (1568-1639), embaixador em Veneza por vinte anos, declarou que era impossível distinguir uma mulher virtuosa de uma prostituta nas ruas. Iago se aproveita dessa fama e a usa como um dos argumentos para a insegurança do estrangeiro Otelo ao assegurar-lhe: "Eu conheço as tendências de nosso país: / Em Veneza, a mulher deixa Deus ver as farras / Que não ousa mostrar ao marido. Sua prática / Não consiste em não fazer, mas manter oculto" (Shakespeare, 2017, pp. 207-210).

O ciúme de Otelo não é uma doença, fruto de uma imaginação mórbida e uma mente fértil; não é uma paranoia, mas, além da trama de Iago, ele também é oriundo de discursos circulantes na época, entre os quais destacam-se o patriarcal e o misógino presentes no contexto sociocultural da tragédia. Ao se dar por derrotado após a confissão de Desdêmona no senado, que alega que o seu dever é agora para com o seu marido, seu pai, Brabâncio, assim se despede de Otelo: "Quem enganou o pai pode enganar o esposo" (Shakespeare, 2017, p. 295), referindo-se ao fato de que Desdêmona fugiu de casa para se casar com Otelo. Mais tarde, Iago se valerá do mesmo motivo para destruir a confiança de Otelo na esposa: "Ela enganou o próprio pai ao desposá-lo" (Shakespeare, 2017, p. 211).

Mas, antes de prosseguir na argumentação, é preciso situar Iago: quem é ele? Muitos atores adoram fazer o papel porque, dramaticamente falando, ele é o protagonista da peça, aparecendo mais do que o próprio Otelo, com aproximadamente 1.095 linhas de fala, só perdendo para Hamlet e Ricardo III em matéria de tempo em que permanece em cena. Iago apresenta tantos motivos para odiar Otelo – a promoção a tenente que ele almejava sendo dada a Cássio, a suspeita de que Otelo dormiu com sua esposa Emília, a possibilidade de desejar Desdêmona – que, no final, nenhum é totalmente convincente.

O fato óbvio é que Iago quer destruir Otelo e o faz por meio de sua esposa. Ele o contamina com o seu discurso misógino e insinua que o fato de Desdêmona ter escolhido Otelo como marido demonstra um apetite sexual anormal: "Quando ela rejeita propostas de casamento / Dos que são da terra, cor e distinção, / Tendência que seria a mais natural... / Fuff. Dá para cheirar nesse desejo rançoso / Aberrações sujas, juízos anormais..." (Shakespeare, 2017, pp. 236-240). Tal argumentação consegue minar a confiança de Otelo no seu próprio valor, no casamento e nas mulheres em geral: "Talvez por eu ser negro, / Por não ter os doces encantos da conversa / Que os cortesãos possuem, ou por já ter descido / O vale da idade..." (Shakespeare, 2017, pp. 270-273). Além de lhe contar um suposto sonho erótico de Cássio com Desdêmona, Iago fabrica a "prova do lenço": presente de Otelo a Desdêmona, que o perde, é encontrado por Emília, que o dá ao marido; ele o coloca no quarto de Cássio e o usa para convencer Otelo da infidelidade da esposa.

O domínio de Iago sobre Otelo se manifesta, também, por meio da linguagem, em que o segundo assimila o vocabulário do primeiro. Iago desestrutura Otelo mental e fisicamente a tal ponto que a bela retórica deste no início da peça, tão importante nas narrativas que fascinaram Desdêmona, se transforma em frases desconexas e palavras soltas antes do seu ataque epilético. A decadência física de Otelo equivale à sua decadência moral: ele encomenda a morte de Cássio, humilha e esbofeteia Desdêmona em público, e, depois de assassiná-la, primeiro tenta negar e, depois, justificar o crime. Ao saber da verdade por Emília, ele recupera um pouco do Otelo admirável que era no início da peça.

Segundo o famoso poeta romântico inglês Samuel Taylor Coleridge (1772-1834), um dos grandes críticos shakespearianos, "a *crença* de Otelo não é causada por ciúme; ela é imposta a ele por Iago, em quem ele acreditava piamente" (Coleridge, 1959, p. 175).[3] O ciúme de Otelo, então, não se originou *dentro dele, mas fora dele*; não foi uma fantasia pessoal, "um monstro que a si mesmo gera e a si mesmo procria", como sugere a primeira epígrafe deste ensaio, mas uma trama gerada por um vilão; como o próprio Otelo admite, ao se descrever como alguém que, "Pouco propenso ao ciúme, mas, que, defraudado, / Perpetrou ao extremo" (p. 259).

Oriundos de uma sociedade patriarcal e misógina, os discursos de Iago encontraram eco em Otelo e dele se apoderaram. Ao assassinar Desdêmona, ele se coloca como um digno defensor do patriarcado ao dizer que Desdêmona "tem que morrer ou trairá outros homens" (p. 247). E deve-se ressaltar que as mulheres da peça são todas vítimas dos homens: o amável Cássio despreza e zomba da cortesã Bianca, que o ama, Iago maltrata e mata Emília, e Otelo faz o mesmo com Desdêmona.

Depois de tratar o ciúme na comédia e na tragédia, Shakespeare volta ao tema na tragicomédia *Cimbeline, rei da Britânia* (1610). Os elementos principais da história são os mesmos de *Otelo*: um homem é convencido por outro da infidelidade da mulher e tenta se vingar por meio da sua morte para lavar a sua honra. Esse é o caso de Póstumo.

---

3 Coleridge (1959) também qualifica a trama de Iago para destruir Otelo de "malignidade imotivada" (p. 175).

100 CIÚME – OS DISCURSOS PATRIARCAL, MISÓGINO E PARANOICO...

Em *Cimbeline*, temos dois enredos entrelaçados: um envolvendo a filha (o principal), e, o outro, os dois filhos do rei (o secundário). Para o escopo deste trabalho, basta um resumo da história de Imogênia, a princesa que se casa secretamente com um plebeu, Póstumo, que, por isso, é banido pelo rei Cimbeline para Roma. Lá ele encontra Giácomo, um italiano que aposta que pode seduzir Imogênia. Chegando à Britânia, Giácomo testa a esposa de Póstumo, que prova ser fiel ao marido; entretanto, ele lhe pede que guarde um baú com presentes preciosos para o imperador romano. Imogênia promete guardá-lo em seu quarto, e, enquanto ela dorme, Giácomo sai do baú em que se havia escondido, consegue roubar-lhe o bracelete que Póstumo lhe havia dado e o apresenta a este para ganhar a aposta. Louco de ciúmes, Póstumo ordena ao seu criado Pisânio que mate Imogênia e lhe envie uma prova de que o fez. Pisânio não tem coragem de obedecer ao amo, conta tudo à Imogênia e ela foge da corte disfarçada de pajem. Enquanto isso, Roma invade a Britânia; Póstumo recebe um pano ensanguentado significando a morte de Imogênia e se arrepende da sua ordem mesmo antes de saber da inocência da esposa. Para expiar a sua culpa, ele deliberadamente se arrisca na guerra com a esperança de morrer, e se torna um dos responsáveis pela vitória da Britânia contra a poderosa Roma. No final, após inúmeras peripécias, consideradas irritantes para alguns críticos, o casal é reunido e temos um final feliz.

A ação se desenrola na Britânia, no País de Gales e em Roma. Cimbeline, assim como Lear, é rei de uma Britânia mítica, província de Roma desde que Júlio César invadiu a ilha. A guerra entre britanos e romanos se inicia diante da recusa dos primeiros a pagar o tributo anual devido. Nesse universo dramático densamente povoado por homens, já que as guerras expulsam as mulheres para as margens da História, os discursos patriarcal e misógino não podiam deixar de estar presentes. A rainha é extremamente perversa e planeja envenenar Cimbeline e Imogênia; e, em razão de seu nacionalismo cego, contrário ao pagamento a Roma, é responsabilizada pela guerra. Póstumo, ao receber a falsa informação de que havia sido traído por Imogênia, explode de raiva em um solilóquio extremamente misógino, em que duvida da virtude da própria mãe.

Não poderão os homens ser gerados

Sem que as mulheres façam a metade?

Do trabalho? Bastardos somos todos,

E o homem venerável, a quem pai

Chamei, andava sei lá eu por onde,

Na hora em que fui gravado. Um cunhador

Com suas ferramentas fez-me falso;

No entanto, minha mãe parentava

Ser a Diana da época, assim como

Minha esposa, hoje em dia, era sem par . . .

Cheguei a achá-la pura como a neve

Poupada pelo sol . . .

Oh! Se eu pudesse

Em mim achar a parte da mulher –

Porque não há no homem propensão

Ao vício, eu garanto, que não venha

Da parte da mulher; seja a mentira,

Sabei, é da mulher; a adulação

102 CIÚME – OS DISCURSOS PATRIARCAL, MISÓGINO E PARANOICO...

Veio dela; a traição, dela também;

Lascívia e pensamentos sujos, dela:

A vingança foi dela; ... pois nem mesmo

Ao vício são constantes, a toda hora

Trocando um vício velho por um novo.

Vou escrever contra elas, detestá-las,

E, também maldizê-las ... (Shakespeare, 2002, pp. 111-112)

A morte também faz parte do enredo: fictícia na comédia (*Muito barulho por nada*) e verdadeira na tragédia (*Otelo*), ela adquire uma nova feição na tragicomédia – a morte aparente, já usada por Shakespeare em *Romeu e Julieta*. Imogênia é dada como morta, pois, sentindo-se mal, toma uma poção que a rainha traiçoeiramente havia dado a Pisânio para matá-lo. O médico, porém, desconfiando das intenções dela, prepara uma fórmula que só causa um estado semelhante ao da morte.

A tragicomédia já foi denominada de "tragédia evitada", definição que se coaduna perfeitamente com os acontecimentos de *Cimbeline, rei da Britânia*; senão, vejamos: a heroína não só escapa da morte duas vezes, mas se reconcilia com o marido arrependido, que também escapa de uma sentença de morte. Até Giácomo tem uma segunda chance: no campo de batalha, ele se arrepende do que fez e, em uma longa exposição diante da corte, o vilão conta toda a sua baixeza, roga pela sua vida e recebe o perdão de Póstumo.

Nesse universo dramático densamente povoado por homens, a ideologia patriarcal é fortemente veiculada. Imogênia é apresentada mais como mulher do que como herdeira do trono, transformada em objeto de aposta e vítima da misoginia de Póstumo. No final, ainda vestida de pajem e agredida pelo marido que, inicialmente, não a reconhece, Imogênia parece incorporar-se à comunidade masculina, visto que a rainha, outra presença feminina da peça, morreu.

Em 1937, George Bernard Shaw (1856-1950) reescreveu a última cena da peça e a intitulou *Cymbeline Refinished* (Wilson, 1989, pp. 63-74). Sendo um grande defensor do feminismo e inconformado com o tratamento dado por Shakespeare à Imogênia no final, ele o reescreve e faz com que ela volte para o marido, ressentida, sem alternativa pelo fato de ser mulher...

Se em *Cimbeline, rei da Britânia* os males causados pelo ciúme podem ser desfeitos, o mesmo não acontece em outra tragicomédia – *O conto do inverno* (1611) –, em que eles deixaram consequências trágicas, impedindo o final de ser totalmente feliz, matizado por um forte tom de melancolia.

Nos três primeiros atos da peça, desenrola-se uma pequena tragédia. Leontes, rei da Boêmia, há nove meses hospeda o seu amigo de infância Políxenes, rei da Sicília, que se prepara para partir. Leontes, insistindo, mas não conseguindo que ele prolongue a sua estada, pede à sua esposa Hermione que o ajude a convencer o amigo a ficar. Quando este cede ao pedido dela, Leontes é acometido por uma crise violenta de ciúmes e encomenda a morte do amigo ao cortesão Camilo, que conta tudo a Políxenes, e ambos fogem para a Sicília. A rainha, que estava grávida, dá à luz a uma menina, e Leontes, achando que ela não é sua filha, ordena a outro cortesão, Antígono, que a abandone na costa da Sicília – onde decorrerá a segunda parte da peça – para que ela morra lá. Quem morre é Antígono, atacado por um urso, e a criança, Perdita, é adotada por um pastor e seu filho. Enquanto isso, o rei acusa publicamente a esposa de adultério e traição, enquanto Mamilius, filho do rei e da rainha,

104 CIÚME – OS DISCURSOS PATRIARCAL, MISÓGINO E PARANOICO...

adoece. No dia do julgamento, ele recebe o resultado da consulta que fez ao oráculo de Apolo, que diz o seguinte: "Hermione é casta; Políxenes, isento; Leontes, tirano ciumento; a criança inocente, concebida em legitimidade; e o Rei viverá sem herdeiro, se a que foi perdida não for encontrada" (Shakespeare, 2007, p. 100). Leontes, dominado pelo seu delírio, desafia o oráculo, acusando-o de mentir. Nesse momento, chega-lhe a notícia da morte do príncipe; Hermione desmaia, é levada para ser cuidada e, finalmente, Leontes se dá conta da irracionalidade dos seus atos: "Apolo está irritado, e o próprio céu / Pune minha injustiça" (Shakespeare, 2007, p. 101). Logo, Paulina, a dama de companhia da rainha, lhe traz a notícia de que ela está morta. Então, desesperado e subitamente curado do seu ciúme paranoico, ele se conscientiza do mal que causou e passa dezesseis anos se penitenciando até que o destino lhe devolve a filha que ele rejeitou e que está noiva do príncipe Florizel, filho do seu melhor amigo. O último ato da peça é marcado por reencontros, reconciliações, pedidos de perdão e até uma ressurreição: Hermione, que todos acreditavam morta, estava, na verdade, escondida por Paulina.

Como já foi mencionado, o final da tragicomédia não é totalmente feliz, já que é marcado pelas consequências trágicas causadas pelo ciúme patológico de Leontes: as mortes do príncipe e de Antígono; a viuvez de Paulina; a filha, Perdita, criada por outros e, agora, noiva, prestes a deixar os pais recém-encontrados; e o sofrimento de Hermione, gravado nas rugas do seu rosto. Se, por um lado, à semelhança de Hero, em *Muito barulho por nada*, e de Imogênia, em *Cimbeline, rei da Britânia*, Hermione teve uma morte aparente, por outro lado ela teve uma morte em vida, tendo vivido escondida por dezesseis anos afastada de todos, principalmente da filha, arrancada de seus braços ao nascer e cujo destino ela ignorava.

Deve-se ressaltar que o ciúme de Leontes não é respaldado nem pelo patriarcalismo nem pela misoginia, como vimos nas outras peças até agora. Se o sr. Ford teve o ciúme despertado pelo criado de Falstaff, Cláudio por Dom João, Otelo por Iago e Póstumo por Giácomo, porta-vozes dos discursos preconceituosos contra a mulher na sociedade inglesa da época e nos universos dramáticos shakespearianos, Leontes não pode responsabilizar ninguém pelas suas suspeitas. A corte da Boêmia é idealmente apresentada como livre de intrigas e, o que é mais importante, todos os que nela habitam são unânimes em defender Hermione, perigosamente contrariando o rei, que insiste em vê-la culpada: "Minha mulher é infiel? Confessa logo, / ou então nega, descaradamente, / Que tens olhos, ouvidos ou juízo: / Diz, pois, minha mulher é montaria; / Merece a fama de qualquer fiandeira / Que antes do compromisso se entrega..." E, Camilo, indignado, responde: "Eu jamais ouviria, passivamente, / Minha soberana assim caluniada, / Sem vingar-me na hora. Maldição! / Nunca falastes algo tão indigno, / E repeti-lo é tão grave pecado / Quanto aquele, se fosse verdadeiro" (p. 57). E lhe dá o conselho da segunda epígrafe que orienta este ensaio: "Senhor, curai-vos da idéia infecciosa, / E logo; é um perigo" (p. 58). Também Paulina, esposa de Antígono, é uma grande defensora da rainha, enfrentando Leontes e arriscando a própria vida diante da cólera do rei que se nega a reconhecer a filha.

Se, em *Otelo*, o ciúme é um monstro que vem de fora, na figura de Iago, e que ataca o protagonista, em *O conto do inverno* ele é uma ideia que nasce dentro do próprio protagonista. Dessa maneira, Shakespeare faz com que recaia inteiramente sobre Leontes a responsabilidade pelo mal que causa a si e a todos que o cercam. Entretanto, essa responsabilidade é amainada pelo fato de que o ciúme repentino, mórbido e avassalador que o domina pode ser lido como uma doença que, como ele mesmo diz, "lhe infecta o cérebro" e que ele, por si próprio, não consegue curar.

106 CIÚME – OS DISCURSOS PATRIARCAL, MISÓGINO E PARANOICO...

O discurso paranoico de Leontes é tão convincentemente veiculado que Bernard Shaw, em carta à grande atriz Ellen Terry (1848-1928), lhe dizia que "o papel de Leontes valia cinquenta Otelos" e que "Shakespeare não entendia nada de ciúme quando escreveu *Otelo*" (Muir, 1968, p. 102). Descontando-se o exagero do grande dramaturgo e crítico teatral irlandês, não resta dúvida de que ele tem razão ao apontar o ciúme patológico ausente em Otelo. O problema é, também, uma questão do prestígio literário de que gozam as tragédias em detrimento de outros gêneros dramáticos. Se *O conto do inverno* fosse mais conhecido que *Otelo*, possivelmente psiquiatras e psicanalistas que estudam o ciúme como doença intitulada de síndrome de Otelo[4] passariam a nomeá-la síndrome de Leontes.

As comédias *As alegres comadres de Windsor* e *Muito barulho por nada* punem os ciumentos que têm de se penitenciar pelas acusações mentirosas feitas à sra. Ford e à Hero. Na tragédia, Otelo não mais pode pedir perdão à Desdêmona, já que ele a matou, mas reconhece a inocência da esposa. Nas tragicomédias, tanto em *Cimbeline, rei da Britânia* como em *O conto do inverno*, Póstumo e Leontes, depois de se confrontarem com a verdade, são maridos penitentes de Imogênia e Hermione. O que significa que as heroínas dessas peças são todas virtuosas e que, graças a Shakespeare, escapam dos rótulos impostos pelos discursos patriarcal, misógino e paranoico refletidos nos universos dramáticos em que estão inseridas.

---

4 Todd, J. (1955). The Othello Syndrome: a study in the psychopathology of sexual jealousy. *Journal of Nervous and Mental Disorder, 122*(4), 367-374.
Ruge, K. C. & Lenson B. (2006). *A síndrome de Otelo.* (C. G. Duarte, Trad.). Rio de Janeiro: Best Seller.

Referências

Coleridge, S. T. (1959). *Coleridge's Writings on Shakespeare*. (T. Hawkes, Ed.). New York, Capricorn Books.

Holland, J. (2006). *A Brief History of Misogyny: the World's Oldest Prejudice*. London: Constable & Robinson.

Muir, K. (Ed). (1968). *Shakespeare: The Winter's Tale: a Selection of Critical Essays*. London: Macmillan.

Rackin, P. (1991). *Stages of History: Shakespeare's English Chronicles*. London: Routledge.

Shakespeare, W. (1995). *As alegres matronas de Windsor/Hamlet*. (M. Fernandes, Trad.). Porto Alegre: L&PM.

Shakespeare, W. (2002). *Cimbeline, rei da Britânia*. (J. R. O'Shea, Trad.). São Paulo: Iluminuras.

Shakespeare, W. (2007). *O conto do inverno*. (J. R. O'Shea, Trad.). São Paulo: Iluminuras.

Shakespeare, W. (2015). *Hamlet*. (L. F. Pereira, Trad.). São Paulo: Penguin Companhia.

Shakespeare, W. (2016). Muito barulho por nada. In W. Shakespeare. *Teatro Completo* (Vol. 2, B. Heliodora, Trad.). São Paulo: Nova Aguilar.

Shakespeare, W. (2017). *A tragédia de Otelo, o mouro de Veneza*. (L. F. Pereira, Trad.). São Paulo: Penguin-Companhia das Letras.

Stone, L. (1990). *The Family, Sex and Marriage in England 1500--1800*. London: Penguin Books.

Wilson, E. (Ed). (1989). *Shaw on Shakespeare* (2. ed.). New York: Applause.

Ódio – Ser ou não ser Hamlet[1]

Mario Vitor Santos

Hamlet, príncipe da Dinamarca é a tragédia shakespeariana mais difícil de datar. Um certo Gabriel Harvey refere-se de maneira positiva à peça numa nota escrita entre 1598 e 1601. A principal fonte do texto foi a lenda nórdica de Amleth, escrita em latim pelo historiador dinamarquês Saxo Grammaticus (cerca de 1200). Essa lenda foi expandida pelo escritor francês François de Belleforest em suas *Histoires tragiques* (7 volumes, 1559-1580). Na própria Inglaterra, alusões da época dão conta da existência de uma peça anterior sobre a mesma história, mas é pouco provável que esse assim chamado *ur-Hamlet*, já citado em 1589 por Thomas Nashe (1958, pp. 315-316), tenha sido uma versão anterior da peça escrita pelo próprio Shakespeare.

---

1 Este texto aproveita notas de aulas que usam extensivamente os textos das introduções gerais às seguintes edições de *Hamlet*:
Shakespeare, W. (2008). *The Oxford Shakespeare: Hamlet*. (G. R. Hibbard, Ed.). Oxford: Oxford University Press.
Shakespeare, W. (2006). *Hamlet* (3rd ed., A. Thompson & N. Taylor, Eds.). New York: The Arden Shakespeare. [As referências de versos citados no texto referem-se a esta edição.]

110 ÓDIO – SER OU NÃO SER HAMLET

Embora a lenda (não uma peça) escrita por Saxo Grammaticus apresente a maioria das personagens principais (não Laertes, por exemplo, nem sua irmã que enlouquece e se mata) e muito do enredo (já Belleforest acrescenta a história de adultério da mãe de Amleth e do tio antes da morte do pai), na velha história nenhum fantasma aparece para exigir vingança.

A identidade do assassino do rei não é um segredo, e Amleth, ao fingir loucura, não precisa de nenhuma exigência externa para realizar sua vingança contra o usurpador. Deportado para a Inglaterra, ele mata seus acompanhantes, mas alcança a corte inglesa (casando-se com a filha do rei) antes de retornar disfarçado à Dinamarca. Na volta, encontra toda a família real e seu entorno bêbados enquanto celebram sua suposta morte, o que o leva a queimar o salão, matar o tio e proclamar-se rei.

É impossível imaginar o Amleth de Belleforest encomendando a apresentação da peça dentro da peça (*A morte de Gonzago*), divagando no cemitério ou fazendo graça com Osric, e os acréscimos feitos a esse material (se não derivam do *ur-Hamlet*) também incluem a loucura de Ofélia, a vingança de Laertes e o personagem Fortinbras.

É impossível fazer justiça ao impacto de *Hamlet* não apenas na crítica literária, mas também na cultura ocidental como um todo: suas personagens passaram para a categoria de mito (antes de isso designar outra coisa), e seus temas foram retrabalhados continuamente na ficção, na pintura, na ópera e no cinema, além do próprio teatro subsequente.

O rumor de que Shakespeare originalmente interpretou o Fantasma (registrado pelo dramaturgo e editor Nicholas Rowe, em 1709) inaugurou muitas visões e fantasias posteriores sobre as relações entre Shakespeare e seus textos.

A peça tem tido um lugar tão importante no cânon literário que a história de escrever sobre *Hamlet* é praticamente a história da crítica literária. Os sucessivos intérpretes e escolas de pensamento inevitavelmente têm de testar suas ideias, mais cedo ou mais tarde, nesse que é o mais celebrado e o mais enigmático dos textos. No século XVIII, críticos rigorosos como Voltaire fizeram objeção aos coveiros indecorosos e à proliferação final de mortes no palco.

Os românticos acharam a "entrevista" de Hamlet com o fantasma particularmente sublime, e eram acima de tudo atraídos pela aparente paralisia da vontade do príncipe. Coleridge e Hazlitt refletiram sobre as relações entre pensamento e ação de maneiras muito influenciadas por Goethe e Schlegel. De lá até o fim do século XX, muito do que se escreveu sobre a peça girava em torno da personagem de Hamlet, sobre a sua sanidade ou não, e os motivos por que ele posterga a ação.

Um importante crítico, A. C. Bradley, influenciou muitos ao identificar o centro do poder da peça na sobreposição da vastidão do pensamento humano às limitações da mortalidade; outros pensadores preocuparam-se com questões mais localizadas que o texto deixa deliberadamente sem resolver, como a extensão da culpa de Gertrudes, a natureza da sucessão dinamarquesa e o *status* preciso do Fantasma. Este, aparentemente, está em liberação temporária do purgatório e parece pertencer a uma teologia católica, mais do que a uma protestante, vigente na maturidade do autor.

Marx desenvolveu uma teoria revolucionária da história no *18 Brumário* por meio de uma leitura subversiva do Fantasma do pai de Hamlet. A emergência da crítica marxista saudou o príncipe como um revolucionário à frente do seu tempo feudal ou criticou-o como um intelectual burguês vacilante e descompromissado.

112 ÓDIO – SER OU NÃO SER HAMLET

A peça foi central para o desenvolvimento da crítica psicanalítica e até para a psicanálise em si. Freud esboçou primeiramente sua teoria do complexo de Édipo (depois desenvolvida em *A interpretação dos sonhos*, em 1900) numa carta a Wilhelm Fliess, em outubro de 1897, na qual argumentava que em *Hamlet* o inconsciente de Shakespeare entendeu o inconsciente de seu herói dessa maneira, o que poderia supor ser Shakespeare uma espécie de protopsicanalista.

Desde o século XIX, *Hamlet* foi considerada uma peça especialmente reveladora da própria natureza emocional de Shakespeare. Seu enredo foi relacionado às vezes à morte do pai do autor, em 1601, e à morte do filho de Shakespeare, Hamnet, em 1596. Como é sabido, Freud refere-se à peça ao delinear sua teoria da repressão infantil no livro *A interpretação dos sonhos* (1900). A ideia freudiana de que Hamlet é imobilizado em parte porque ele também deseja Gertrudes e de que ele alimentou desejos assassinos contra o pai foi desenvolvida de maneira influente por Ernest Jones em *Hamlet e Édipo* (1949). Desde então, as relações de Hamlet com Gertrudes e Ofélia continuam a preocupar a crítica psicanalítica e as vertentes feminista e desconstrutivista que derivam da psicanálise.

Comentaristas numa linha mais histórica relacionaram a peça à crise da sucessão de Elisabete I (1533-1603), às atitudes renascentistas diante da morte, à Reforma Protestante e à filosofia de Montaigne, além de muito mais.

O fenômeno *Hamlet* incorpora cifras cada vez mais impressionantes ao longo do tempo. Em 1908, o editor de *Hamlet*, Horace Howard Furness, referia-se em Harvard à existência até então, no catálogo de sua biblioteca preferida, de quatrocentos títulos de edições, ensaios, comentários, aulas e críticas apenas dessa única tragédia.

Tentando convencer as gerações futuras a parar de escrever sobre *Hamlet*, ele dizia que isso era apenas o início do que podia crescer muito mais. Pois bem, nos anos 1990 o número de publicações sobre *Hamlet* chegava a quatrocentas *por ano*. O volume de montagens da peça é infindável. O texto tem uma dominância virtualmente planetária. Além das encenações famosas que fizeram a glória de diversos protagonistas e entraram para a história, representa um desafio para os atores o fato de *Hamlet* ter sido descrita como "a história mais filmada depois de Cinderela", gerando mais de cinquenta versões, numa dimensão incomparável a qualquer outra peça.

Diante do fenômeno, o que *Hamlet* significa hoje? Como não se deter diante do *status* de ícone a que a peça foi elevada, desembrulhar sua imensa e complexa dimensão simbólica para descobrir por que esse drama, aparentemente primitivo, apoiado em fantasmas e numa ética da vingança, ainda assim mantém o seu poder no século XXI?

Evidentemente, essa é uma questão impossível de responder, mas é possível arriscar algumas pistas. *Hamlet* se mantém famosa antes de tudo por seus solilóquios, o mais famoso deles começando por "Ser ou não ser", obviamente. Essas espécies de monólogos interiores estão entre as atrações mais conhecidas e mais amadas da peça. Eles, portanto, parecem ganhar vida própria. Mas o que é grande a respeito desses solilóquios?

É certo que eles, mesmo que comecem com um mergulho na subjetividade particular de Hamlet, se movimentam para especulações mais gerais sobre a condição humana. Os solilóquios oferecem acesso ao quadro mental de Hamlet, dão uma ideia de sua inteligência e frustração (qualidades com as quais o espectador pode se identificar facilmente).

114 ÓDIO – SER OU NÃO SER HAMLET

Em termos dramatúrgicos, eles servem de recurso usual para estimular o interesse ao explorar a diferença de consciência e conhecimento existente entre um personagem e outros membros da trama. Criam-se, assim, situações de ironia dramática oriundas de suas confidências para a plateia. Pode parecer que assim Hamlet se revela, mas os séculos de exame e crítica indicam que em muitos sentidos Hamlet segue sendo um personagem inacessível, dependente de relato e interpretação externos, pós-morte, como a que ele próprio, no ato de morrer, encarrega Horácio de fazer para a posteridade:

Hamlet dirige-se a Horácio, a quem pede o veneno:]

Como você é um homem,

Me dá essa taça. Larga! Pelos céus, vou tomar

(pega a taça de Horácio)

Ó, Deus, Horácio, que fama danada

Coisas tão desconhecidas deixo para trás!

Se você alguma vez me teve em seu coração

Adie um pouco a sua felicidade

E neste mundo hostil

Mantenha teu sopro de dor

Para contar minha história (Hamlet, 5.2.326-333)[2]

---

2   Ao citar as peças de Shakespeare, neste capítulo, o autor optou pelo estilo MLA (Modern Language Association) de citação, no qual são referenciados o número do ato, do verso e da linha em que a passagem se encontra na obra. [N. E.]

Outra herança complexa da extensa tradição de *Hamlet* é a linguagem da peça: às vezes, ela pode parecer uma colcha de citações, tornando difícil a tarefa de emitir e assimilar os versos, de fazê-los soarem frescos. Não existe mais o manejo retórico do tempo de Shakespeare e a coleção de efeitos linguísticos que vinha com ele – o público de hoje tem pouca paciência com estilo, retórica e métrica, querendo mais chegar logo ao "significado da peça", para padrões por assim dizer mais gerais associados a contextos históricos, religiosos, personagens e temas.

Feito isso, assumindo o risco presente nas generalizações num arco histórico ligeiramente ampliado, vale partir justamente para uma dessas possibilidades de desvendamento da peça, de resto opaca, mas que do ponto de vista da mente pode ser um dos motivos de sua permanência e contínuo vigor.

Em primeiro lugar, é preciso situar que, sendo concluída e encenada em 1600-1601, *Hamlet* marca o retorno poderoso da figura da mãe ao mundo dramático de Shakespeare. Sua presença, como assinala Janet Adelman (1992, p. 11),[3] provoca o colapso da armação frágil que permitiu a Shakespeare explorar relacionamentos familiares e sexuais sem um conflito devastador no período anterior de sua produção, o das histórias e comédias românticas dos anos 1590; esse colapso é o ponto de origem do período das grandes tragédias na obra do autor.

O filho agindo no papel do pai, sua necessidade de criar sua identidade própria em relação à sua concepção de pai (que já eram temas de *Henrique IV*, 1 e 2, e *Júlio César*), torna-se profundamente problemático na presença da mulher/mãe, pois esta torna o papel sexual do pai um problema no relacionamento do filho com o próprio pai.

---

3 Texto de que estas notas se valem extensamente.

Ao mesmo tempo, as relações entre os sexos, que tinham sido imaginadas nas comédias anteriores sem nenhuma confrontação mais séria com o poder da sexualidade feminina, subitamente são localizadas no contexto do poder contaminador da mãe, para efeitos da peça, com o resultado de que elas não podem nunca mais ser imaginadas em termos puramente festivos. Aqui, *Hamlet* aparece como um marco, sujeitando à presença maternal os relacionamentos antes poupados dela.

Antes de *Hamlet*, os relacionamentos pai-filho nas peças de Shakespeare manipulam suas explorações psicológicas na prática, negando que a mulher tivesse algo a ver com eles. Em outras palavras, negando as complexidades que a mãe apresenta para o relacionamento pai-filho: esse relacionamento tende a ser encenado mais na esfera política do que na doméstica e, vale notar, essencialmente na ausência de mulheres.

À medida que o conflito triangular característico da situação edípica faz seu caminho para o interior dessas peças, o triângulo é composto de um filho e dois pais, não de um filho com seus pais; a identidade do filho é definida por sua posição entre os pais (homens), não entre o pai e a mãe.

A escolha triangular entre dois pais que é característica dessas peças está no centro de *Hamlet*. Aqui, assumir a identidade masculina significa tomar as qualidades do nome do pai por meio de matar o pai falso (tornar-se um Henrique, um Brutus ou um Hamlet) (Adelman, 1992, p. 12). Todo peso da peça cria um pai verdadeiro e outro falso. Uma das grandes dificuldades é que, apesar das muitas diferenças entre eles, os pais em *Hamlet* ameaçam constantemente desabar um sobre o outro, aniquilando nessa queda a suposição fácil da identidade do pai.

A causa iniciadora desse colapso é a mãe de Hamlet: seu fracasso em servir ao filho como a proprietária da sua imagem ideal de pai, fazendo o luto apropriado por ele, é o sintoma do fracasso maior dela em distinguir entre o pai dele e o irmão do pai. Ainda antes do início da peça, antes das revelações cruciais do Fantasma, o fracasso de Gertrudes em fazer essa diferenciação colocou uma tensão intolerável sobre Hamlet ao fazer dele o único repositório da imagem do pai, o único agente de diferenciação numa corte que parece inteiramente aberta a aceitar o novo rei no lugar do antigo.

A falência de memória dela – registrada na sexualidade incapaz de discriminar – define a missão de Hamlet em relação a seu pai como uma missão de memória: à medida que ela se esquece, ele herda o peso de diferenciar, de idealizar e tornar o passado estático; daí a insistência do Fantasma na menção à sua memória (1.5.33, 91 ou 95 e 118) e o grau pelo qual Hamlet mede sua falência para vingar-se pelo pai como uma falência do esquecimento (4.4.40).

Hamlet havia prometido ao Fantasma lembrar-se dele e de fato *tornar-se* ele. Mas, à medida que sua memória se torna mais consciente de sua própria distância, dessa idealização, ele se torna cada vez mais parecido com Cláudio, que é definido principalmente por sua diferença com o pai de Hamlet.

A diferença do ideal heroico representado no velho Hamlet se torna o termo definidor comum entre Cláudio e Hamlet: o próprio ato de distinção de Cláudio de seu pai – "ei-la casada com o irmão de meu pai, mas tão diverso dele quanto eu de Hércules" (Shakespeare, 2004, p. 45) – força Hamlet a uma identificação imaginativa com Cláudio. A intensidade da necessidade de Hamlet diferenciar entre pai verdadeiro e falso assim se confunde, impedindo sua identificação com o pai e, portanto, sua identidade segura como filho (Adelman, 1992, p. 13).

Em grande parte ausente das comédias do período anterior de Shakespeare, a sexualidade feminina invade *Hamlet*, na pessoa de Gertrudes, e, uma vez lá, impregna em última instância os relacionamentos, impedindo o clima de festa que está presente nas comédias. Na sua presença, Hamlet vê como sua tarefa a destruição do casamento: "Digo-te: não haverá mais casamentos. Daqueles que já estão casados, todos, menos um, viverão; os restantes, ficarão como estão. Para um convento, vai" (Shakespeare, 2004, pp. 120-121).

É o que ele diz a Ofélia quando ela se torna contaminada aos seus olhos, sujeita à mesma *"frailty"* (frivolidade) que nomeia sua mãe. Ofélia funde-se com Gertrudes não apenas como potencial traidora, mas também como mãe em potencial: "Entra para um convento. Por que desejarias conceber pecadores? Eu próprio sou passavelmente honesto; mas poderia ainda assim acusar-me a mim mesmo de tais coisas, que seria melhor que minha mãe não me tivesse concebido" (Shakespeare, 2004, p. 119).

A lógica implícita é: por que você seria uma criadora de pecadores como eu? No espaço entre mim e criadoras de pecadores, Gertrudes e Ofélia momentaneamente tornam-se uma mesma figura. Não é à toa que não pode haver mais casamento: Ofélia torna-se perigosa para Hamlet, na medida em que se torna identificada em sua mente com o corpo maternal contaminador, a mãe que o gerou.

Hamlet assim redefine a posição do filho entre dois pais, recolocando-o em relação a um corpo maternal sexual que ameaça aniquilar a distinção entre os pais, e assim problematiza a identificação parental do filho; ao mesmo tempo, a peça faz confrontar a amada com a mãe traidora, desfazendo as estratégias que permitiam o casamento nas comédias. A intrusão de uma mãe adúltera assim desmonta as soluções da história e da comédia como Shakespeare as imaginou; nesse sentido, sua presença inicia a tragédia (Adelman, 1992, pp. 14-15).

Mas como se pode entender a mãe cuja presença tem a capacidade de minar as acomodações que Shakespeare tinha montado? Por que a primeira mãe poderosamente presente em Shakespeare desde o período de seus trabalhos iniciais é retratada como adúltera? Por que sua presença coincide com o começo do grande período trágico de Shakespeare?

Dada a sua importância na peça, é impressionante como se sabe pouco de Gertrudes. Até mesmo a extensão do seu envolvimento com a morte de seu primeiro marido é obscura. Todos querem saber de seu choque diante da acusação de assassinato de Hamlet – "Tão sangrenta, tão vil, quase tão torpe / Quanto matar um rei, oh mãe querida / E casar com o irmão, logo em seguida" (Shakespeare, 2004, p. 151) – como evidência de sua inocência. Mas o texto permite escutá-la alternativamente como uma pessoa sob choque por ter sido descoberta ou como alguém que reage diante da rudeza de Hamlet.

O Fantasma a acusa ao menos indiretamente de adultério e incesto – Cláudio é "essa víbora, adúltera e incestuosa" (Shakespeare, 2004, p. 67) –, mas ele nem a acusa nem a isenta do assassinato. Para o Fantasma, assim como para Hamlet, seu crime principal é a sexualidade incontrolada, que é objeto de repulsa moral tão intensa quanto a que é dirigida contra Cláudio. Mas a Gertrudes que um vê não é a mesma que outros veem.

E quando ela é vista por ela mesma, à parte da caracterização que fazem dela, pode-se vê-la mais confusa do que ativamente má; mesmo sua famosa sensualidade é menos aparente do que sua solicitude conflitada tanto pelo novo marido quanto pelo filho. Ela é capaz, desde o início, de algum *insight* culpado a respeito do sofrimento de Hamlet – "Duvido que não seja o mesmo sempre: / A morte de seu pai e nosso apressado casamento" (Shakespeare, 2004, p. 86).

Na maioria de suas tragédias, Shakespeare concede ao acaso, ao acidente, ao mal-entendido, uma influência considerável em algum ponto da história. São ocorrências que, às vezes, entram na sequência dramática sem a intervenção de um personagem, nem das circunstâncias em torno. No caso, o acidente pode ser o ataque pirata ao barco de Hamlet, de modo que ele foi capaz de retornar em seguida à Dinamarca.

Uma definição possível diz que tragédia é a história de uma calamidade excepcional que leva à morte de uma pessoa em posição elevada. Pode-se dizer, em vez disso, menos parcialmente, que é a história de ações humanas produzindo calamidade excepcional e levando à morte de uma pessoa nessa posição.

Hegel descrevia essas ações como um conflito. Frequentemente, o conflito pode ser concebido como ocorrendo entre duas pessoas, o herói sendo uma delas, ou entre dois lados ou grupos, de um dos quais o líder é o herói. Ou, mais adequadamente, um conflito das paixões, tendências, ideias, princípios, forças que animam essas pessoas ou grupos. A maioria dos personagens de *Hamlet* pode ser colocada em grupos opostos. Mas talvez seja errado descrever esse conflito como *entre esses grupos*. Pois, embora Hamlet e o rei sejam inimigos mortais, aquilo que segura o interesse e fica na memória, ao menos tanto como o conflito entre eles, é o conflito *dentro* de um deles. Em certa medida, esse é o conflito em todas as tragédias. Além do choque externo entre pessoas e grupos, há o embate na alma do herói.

O tipo de tragédia em que o herói se opõe a uma força hostil com uma alma unitária, não dividida, não é shakespeariano. Como regra, o herói é, ao menos em algum momento da ação, dividido por um conflito interno; e é com frequência nesses pontos que Shakespeare mostra seu poder mais extraordinário. Se compararmos as tragédias, é nas últimas, as mais maduras, que esse conflito interno desponta mais enfatizado.

Já se disse que Hamlet corresponde à condição trágica de uma pessoa de alto escalão e importância pública e que suas ações e sofrimentos não são do tipo comum. Mas isso não é tudo. A natureza de Hamlet também é excepcional, e ela o eleva para além do nível médio de humanidade. Alguns protagonistas, como Hamlet, são geniosos. Em quase todos os heróis de Shakespeare pode-se identificar uma espécie de parcialidade, uma predisposição em uma direção particular, uma total incapacidade, em certas circunstâncias, de resistir à força que os leva em certa direção.

Há uma identificação do seu ser inteiro com um interesse específico, um objeto, uma paixão, um hábito mental. Esse, ao que parece, é para Shakespeare o traço trágico fundamental. É um dom fatal, mas que carrega consigo um toque de grandiosidade que, quando se junta com uma nobreza da mente, ou um gênio, ou grande força, faz com que os espectadores sejam tomados pelo poder e alcance dessa alma, e o conflito em que ela está imersa alcança uma magnitude que induz não apenas solidariedade e pena, mas admiração, terror e espanto.

Na circunstância em que está colocado, seu, por assim dizer, traço trágico, que é também sua grandeza, lhe é fatal. Ele erra, por atos ou omissão; e seu erro, com outras causas, traz a ruína. O herói trágico de Shakespeare não precisa ser "bom", embora geralmente ele seja "bom". Mas é necessário que ele tenha tanta grandiosidade em seu erro e queda de maneira que o espectador possa ter consciência vívida das possibilidades da natureza humana.

Com a grandeza do herói trágico está conectado o centro da impressão causada pela tragédia. Em Shakespeare, e sem dúvida em *Hamlet*, a compaixão e o medo, que são atiçados pela história trágica, parecem se unir, e até se misturar, num sentido de tristeza

122 ÓDIO – SER OU NÃO SER HAMLET

e mistério, resultantes de uma sensação geral de desgaste, de inutilidade, de cansaço, como se pode verificar na fala, no modo tão simples, sintético, ao mesmo tempo descritivo e sugestivo, de Hamlet diante de Rosencrantz e Guildenstern.

> *Ultimamente – não sei por quê – perdi toda a alegria, desprezei todo o hábito dos exercícios e, realmente, tudo pesa tanto na minha disposição que este grande cenário, a terra, me parece agora um promontório estéril; este magnífico dossel, o ar, vejam, este belo e flutuante firmamento, este teto majestoso, ornado de ouro e flama – não me parece mais que uma repulsiva e pestilenta congregação de vapores. Que obra de arte é o homem, como é nobre na razão, como é infinito em faculdades e, na forma e no movimento, como é expressivo e admirável, na ação é como um anjo, em inteligência, como um deus: a beleza do mundo, o paradigma dos animais – E, no entanto, para mim, o que é esta quintessência do pó? O homem não me deleita – não, nem a mulher, embora o seu sorriso pareça dizê--lo. (Shakespeare, 2004, p. 98)*

Parece que a posição de Hamlet é o ponto de partida de um panorama de mistério do mundo inteiro, o fato trágico que se estende muito além dos limites da tragédia. Em toda parte, desde as pedras até a alma do homem, veem-se poder, inteligência, vida e glória, que deixam a todos maravilhados e demandam adoração.

E em todo lugar veem-se os homens devorando uns aos outros e se destruindo, frequentemente com dor terrível, como se tivessem vindo a existir sem outro propósito. A tragédia é a forma típica desse mistério, porque a grandeza da alma que ela exibe, oprimida, conflituosa e destruída, obriga à forma máxima da expressão da existência. É na iminência do sacrifício da pessoa em posição de poder, na experiência da ansiedade criada pela adequada ou não realização do ritual público de expiação do miasma, que a forma trágica altamente organizada pode realizar sua capacidade estética máxima de expressão. Ela força o mistério sobre todos, impõe perceber o valor daquilo que está sendo perdido e que não há conforto possível, nem mesmo no pensamento de que tudo é vão.

Referências

Adelman, J. (1992). *Suffocating Mothers: Fantasies of Maternal Origin in Shakespeare's Plays, 'Hamlet' to 'The Tempest'*. New York: Routledge.

Lodge, T. (1957-1975). Wit's Misery and the World's Madness. In G. Bullough (Ed.). *Narrative and Dramatic Sources of Shakespeare*. London: Routledge.

Nashe, T. (1958). *The Work of Thomas Nashe* (Vol. III, R. B. McKerrow, Ed.). Oxford: Oxford.

Shakespeare, W. (2004). *Hamlet* (B. Heliodora & A. A. Queiroz Carneiro de Mendonça, Trads.). Rio de Janeiro: Lacerda.

Amor – Shakespeare *on love*

Michael Wade

Shakespeare on love é um assunto bem amplo. Nas suas peças e poesias, Shakespeare abrange talvez todos os tipos de amor, como o amor romântico, o materno, o paterno e o fraterno, assim como a procriação e o desejo sexual; e examina seus danos colaterais, como a rejeição, o ódio, a vingança etc. Seria difícil num só capítulo abordar o amor em sua totalidade, e mais ainda seus danos; portanto, concentro-me no amor romântico, assunto que Shakespeare volta a deliberar com frequência. Creio que os aspectos essenciais se encontram nos sonetos e na famosíssima peça *Romeu e Julieta*, talvez a única de cuja trágica história a maioria das pessoas, independentemente da nacionalidade ou da educação, conheça algo. Inicio com dois sonetos, 18 e 116, e, antes de chegar a *Romeu e Julieta*, darei um mergulho no grande poema "Vênus e Adônis" para também olhar aquilo que o amor não é – a luxúria. A tradução é um assunto difícil, principalmente no caso de Shakespeare. Penso que os tradutores muitas vezes estão mais preocupados com rima e métrica, e sacrificam o sentido, aquilo que Shakespeare está dizendo. Por esse motivo, oferecerei traduções de

126 AMOR – SHAKESPEARE ON LOVE

certas frases, feitas por mim, e deixarei o texto original nas notas de rodapé, para consultar.

Soneto 18

Os primeiros 126 sonetos foram escritos aparentemente para um homem, e os demais para uma mulher. A narrativa prolonga-se por um período considerável e abrange toda a gama de emoções. O homem é mais jovem que Shakespeare e ocupa uma posição social mais elevada. Ele é lindo e idêntico à mãe. Os primeiros dezessete poemas são uma exortação para procriar, vejamos o começo do soneto 1: "Das criaturas mais bonitas desejamos aumento, / Que assim a rosa da beleza nunca morre".[1] Depois vem uma mudança: a ideia de que a louvação do poeta pode facilitar a evasão do jovem dos estragos do tempo e da morte. Assim, o soneto 18, talvez a mais bela canção de amor de todos os tempos, abre com a linha famosa: "Posso lhe comparar com um dia de verão? Você é mais lindo e mais ameno".[2] Ele continua comparando a idade que destrói a beleza da juventude com os ventos fortes que quebram e destroem as lindas flores de verão, e, como o verão, os momentos da juventude são passageiros.[3] Ele compara a vida e a beleza da juventude com as mudanças do tempo: "Às vezes o olho do firmamento brilha com muito calor, E frequentemente a sua face dourada escurece".[4] Os jovens também são sujeitos a

---

1 *"From fairest creatures we desire increase, that thereby beauty's rose might never die."*

2 *"Shall I compare thee to a summer's day? Thou art more lovely and more temperate."*

3 *"Rough Winds do shake the darling buds of May, and summer's lease hath all too short a date."*

4 *"Sometime too hot the eye of heaven shines, and often is his gold complexion dimmed."*

tais momentos. "E todas as formas de beleza em algum momento perdem a beleza, Por azar ou desnudadas pelo discurso transformador da natureza."[5] Mas esse rapaz continuará a viver como um verão eterno e jamais perderá a sua beleza.[6] Ele reafirma que a morte não vai poder gabar de que ele anda na sua sombra, pois ele crescerá para sempre dentro dessas linhas de poesia.[7] E acaba com a certeza de que, enquanto os homens respiram e os olhos enxergam, este poema também sobreviverá e dará vida a ele.[8]

Soneto 116

Este soneto também é um dos mais conhecidos e mais pungentes, repleto de paixão, com autenticidade inequívoca da expressão romântica. Shakespeare aborda o amor verdadeiro e imortal – o que é e não é –, e dá ênfase a sua qualidade imutável por meio de técnicas literárias como estrutura, dicção, imagens e tom. Ele diz que não quer impedir o casamento das pessoas cujas mentes (ou almas) se amam de verdade.[9] O amor não é amor quando muda de natureza quando o amado muda, ou enfraquece quando o amado desaparece.[10] O amor é um ponto eternamente imutável que observa as tempestades e nunca treme. É a estrela do norte imóvel que guia todos os barcos errantes, cujo valor é imensurável, embora

---

5 *"And every fair from fair sometime declines, By chance, or nature's changing course untrimmed."*

6 *"But thy eternal summer shall not fade, Nor lose possession of that fair thou ow'st."*

7 *"Nor shall death brag thou wand'rest in his shade, When in eternal lines to time thou grow'st."*

8 *"So long as men can breathe and eyes can see, So long lives this, and this gives life to thee."*

9 *"Let me not to the marriage of true minds. Admit impediments."*

10 *"Love is not love which alters when it alteration finds, Or bends with the remover to remove."*

128 AMOR – SHAKESPEARE ON LOVE

saibamos que existe.[11] Ou seja, mesmo que os casais fiéis tomem o amor por garantido e não pensem em valorizar, eles ainda se reconfortam com a certeza de que não vai abandoná-los e vai sempre agir como guia. Em seguida, ele constata que o amor não é dominado pelo tempo, mas admite que a foice curvada do tempo mira e atinge lábios e bochechas rosados. O amor não se altera com a passagem das curtas horas e semanas, mas se sustenta até a beira da morte.[12] Shakespeare conclui, ou melhor, afirma enfaticamente que, se for provado que ele esteja errado, ele nunca escreveu nada, nem ninguém nunca amou.[13] Assim Shakespeare descreve o amor eterno. Os tempos mudam, o amor ganha novas definições, mas as suas qualidades fundamentais permanecem, mesmo que seja difícil de atingir ou de reconhecer. Shakespeare pinta um lindo retrato do amor verdadeiro entre duas almas, que resiste à prova do tempo e gera a esperança nos corações de todos que o procuram.

Agora quero olhar de novo o "ponto eternamente imutável que observa as tempestades" (*ever-fixed mark, that looks on tempests*), que me fascina há anos. Eu nunca li nenhuma crítica, nem nenhuma dissertação que apoie a hipótese da possibilidade de Shakespeare, com seu gênio para significados multifacetados cada vez mais profundos, ter deixado para seus leitores uma pérola impagável que lhes cabe descobrir. Creio que esse ponto imutável esteja dentro de todos nós. É o observador que observa e grava tudo, e nós não podemos ser aquilo que observamos. Cada pessoa também

---

11 "*Oh no. It is an ever-fixed mark, That looks on tempests and is never shaken. It is the star to every wandering bark, Whose worth's unknown although his height be taken.*"

12 "*Love's not time's fool, though rosy lips and cheeks Within his bending sickle's compass come. Love alters not with his brief hours and weeks, but bears it out even to the edge of doom.*"

13 "*If this be error and upon me proved, I never writ, nor no man ever loved.*"

observa seu ego às vezes elogiando, às vezes punindo. Como Ricardo II bem disse:

> *Assim interpreto muitos personagens dentro da minha única pessoa, e nenhum deles está contente; às vezes sou rei, até a hora em que a traição me faz querer ser mendigo, então sou. Em seguida a penúria devastadora me convence que estava melhor quando rei. Então sou rei de novo, mas logo vejo que fui deposto pelo Bolingbroke e imediatamente não sou nada.*[14]

Então, se não somos nossos egos, o que somos? O que é esse ponto imutável? Talvez seja a consciência coletiva sem a qual nada funciona, constante, tranquila: o amor infinito?

"*Vênus e Adônis*"

Vênus é a deusa do amor e Adônis é um jovem renomado por sua incrível beleza, mas ele não tem interesse no amor, somente gosta de caçar. Quando Vênus vê Adônis, ela se apaixona por ele, desce à Terra e encontra o desejo do seu coração saindo para caçar. Ela pede que ele desça do cavalo para conversar, mas Adônis não quer conversar com mulher nenhuma, nem mesmo com uma deusa. Então, ela o arranca do cavalo forçosamente e deita ao seu lado, o admira e fala do amor. Ela implora por um beijo, mas ele quer partir para a caça. Ele consegue se retirar e tenta pegar seu cavalo. Naquele momento, seu cavalo se enamora por uma égua

---

14 "*Thus play I in one person many people, And none contented; sometimes am I king, Then treason makes me wish myself a beggar, And so I am; then crushing penury Persuades me I was better when a king; Then am I kinged again, and by and by Think that I am unkinged by Bolingbroke, And straight am nothing.*"

130   AMOR – SHAKESPEARE *ON LOVE*

que inicialmente resiste, mas pouco depois os dois se afastam a todo galope. Vênus se aproxima novamente e continua a falar do amor. Ele escuta um pouco, mas logo se afasta desdenhosamente. Muito magoada, Vênus desmaia, e Adônis teme que talvez tivesse morrido. Ele se ajoelha, a acaricia e a beija, e ela se recupera. Ela implora por um último beijo, e ele consente com relutância. Vênus tenta marcar um encontro para o dia seguinte, mas ele diz que não pode porque vai caçar javali. Ela tem uma visão e avisa que o javali vai matá-lo. Ela se lança em cima dele e os dois caem. Ele se solta e a repreende, citando o amor celestial em vez da luxúria terrestre. Ela chora incontrolavelmente depois da partida dele. No dia seguinte, Vênus procura Adônis na floresta. Ela escuta os cachorros e os caçadores e, lembrando-se da sua visão, fica com medo e corre em direção à caça. Vê um cachorro gravemente ferido e logo depois encontra Adônis morto por um javali. Ela fica assoladíssima e decreta que, por causa da deusa do amor ter sofrido essa perda, doravante o amor será misturado com desconfiança, medo e tristeza. O corpo de Adônis se torna frio e pálido e seu sangue tinge as plantas ao seu redor. Uma flor nasce embaixo dele, branca e púrpura como o sangue na sua pele. Assolada, Vênus deixa a Terra a fim de encobrir sua tristeza onde vivem os deuses.

Vênus fala quase a metade das 1.200 linhas do poema, então ela é o foco da maioria das críticas. De fato, as suas convicções, expressões e ações têm ainda mais significado porque ela é a personificação mítica do amor, tanto que podemos entender que Shakespeare está falando da emoção mais crucial do ser humano por meio do retrato dela, mas é claro que o discurso trata das impressões dos dois sobre o amor e a luxúria. A característica mais proeminente de Vênus é a sua agressividade sexual, elemento raro nas heroínas românticas até hoje, mas Shakespeare não se esquiva de destacar esse aspecto da história. Assim, num sentido mais amplo, Vênus é a primeira mulher shakespeariana que possui a beleza e a paixão, além de ser extremamente eloquente, então merece ser comparada com Isabella em *Medida por medida*, e Helena em *Tudo bem quando termina bem*. Parece que essa mesma agressividade explica a relutância de Adônis em ter relações físicas com ela. Ele diz: "Não odeio o amor, mas, sim, a sua astuta engenhosidade no amor".[15] A detenção forçada de Adônis e a persistência determinada de Vênus para ganhar seu carinho, junto com a agressividade, chegam até a ser cômicas, principalmente quando ela o arranca do cavalo. Ela é mais velha que ele, e isso sugere a ameaça clássica da figura materna, exigente e sufocante. Ela fala de si mesma com conotações maternais em várias ocasiões, por exemplo, quando se compara com um parque do qual o cervo Adônis deve se alimentar, evocando a ideia de que ela provê o sustento. Vênus fala mais explicitamente das fontes agradáveis que nutrem seu infante. E pode ser que isso seja uma sutil referência política à rainha Elisabete. Mulheres poderosas e manipuladoras não eram personagens habituais na literatura da época de Shakespeare, mas não é preciso procurar muito para achar esta exata personagem: a própria rainha Elisabete. Shakespeare com certeza estava ciente da possibilidade de serem feitas comparações entre a personagem principal do poema e a da nação, sobretudo porque Elisabete nunca se casou, nem produziu um herdeiro. Por isso, o povo examinava constantemente as suas possíveis relações românticas. Vênus evoca o flerte erótico de Elisabete e talvez a tensão e o ressentimento inerentes na reação masculina ao reino feminino. A dominação de Vênus reflete o poder de Elisabete tanto quanto a eliminação da ameaça do poder da rainha. A ambivalência em relação a uma heroína manipuladora, porém malsucedida, codifica a ambivalência em relação à rainha brilhantemente manipuladora.

---

15 *"I hate not love, but your device in love."*

132 AMOR – SHAKESPEARE *ON LOVE*

A natureza do desejo é um tema importante em "Vênus e Adônis", sobretudo na pessoa de Vênus, porém ausente na pessoa de Adônis; e Shakespeare retrata a personificação do amor simplesmente transbordando desejo. Várias críticas usam palavras como "muito doente", "anormal", "desordenado" e "perverso" para descrever o estado emocional de Vênus. O desejo tem mais culpa que a mulher que o incorpora. Sendo irracional, irregular, incitada pela proibição e incapaz de aceitar um não, Vênus está tanto transbordada quanto dominada pela luxúria por Adônis. E a metamorfose de Adônis após a morte é o culminar da discussão sobre o desejo. A bonita, frágil e mutável flor é tudo que sobra do objeto de desejo de uma deusa, então parece na sua evanescência ser o símbolo do verdadeiro desejo. Já que a flor não pode ser possuída para sempre – porque, uma vez arrancada, certamente vai murchar e morrer –, ela representa todos os objetos de afeto que acabam não conseguindo se reciprocar. Vênus arranca a flor, e esse ato traz à mente a sua tentativa de arrancar a flor da virgindade de Adônis e a ideia de que as flores devem ser colhidas no auge da beleza. O arranco metafórico da virgindade do jovem teria assegurado a sua perpetuação por meio dos filhos; o arranco literal da flor corta qualquer esperança de regeneração. Shakespeare não nomeia a flor, e assim infere que ela não existe mais, e que a sua beleza, como a de Adônis, se perde sem deixar vestígios. Mesmo assim, no lindo e triste penúltimo verso, Vênus resolve embalar a flor eternamente no seu peito como se fosse um bebê:

Aqui foi o leito do seu pai, aqui no meu peito,

Você é o parente mais próximo, e é seu direito.

Ora, descanse neste berço oco,

Meu coração pulsando te embalará dia e noite.

Não haverá nem um minuto em cada hora

Em que não beijarei a doce flor do meu amor.[16]

Então, Shakespeare, com sua perspectiva sempre multifacetada, nos deixa com mais uma questão: o amor e o desejo sexual de Vênus são intercalados com sugestões do amor materno, o qual, depois da morte de Adônis, acaba sendo o mais forte e duradouro. Então não é provável que, com ou sem amor, a compulsão primordial de Vênus, desde o começo, seja procriar?

Romeu e Julieta

Uma velha vendeta entre os Montecchios e os Capuletos reacende numa briga nas ruas de Verona, que a chegada do príncipe Escalo consegue terminar. Romeu, filho único dos Montecchios, está perdidamente apaixonado pela inatingível Rosaline. Tentando tirá-lo da melancolia, seus amigos Mercúcio e Benvólio o convencem a ir a uma festa na casa dos Capuletos. Ele vê Julieta, filha única dos Capuletos, e se apaixona imediatamente por ela, e ela se apaixona por ele. Com a ajuda da ama de Julieta, o frei Lourenço os casa em segredo no dia seguinte. Tebaldo, primo de Julieta, discute com Romeu, e na briga que segue, Mercúcio morre. Romeu vinga a morte do seu amigo matando Tebaldo e é banido de Verona, sob pena de morte. Após passar apenas uma noite com sua noiva, ele foge para Mântua. Julieta fica sabendo que vai ter que se casar com o Conde Páris. Desesperada, ela procura frei Lourenço,

---

16 "*Here was thy father's bed, here in my breast, / Thou art the next of blood, and 'tis thy right. / Lo, in this hollow cradle take thy rest, / My throbbing heart shall rock thee day and night. / There shall not be one minute in an hour / Wherein I will not kiss my sweet love's flower.*"

134 AMOR – SHAKESPEARE *ON LOVE*

que fornece uma droga que ela toma para parecer morta. Seus pais colocam o corpo de Julieta no túmulo da família, mas a intenção é que, quando ela acordar, Romeu esteja esperando para fugir com ela para Mântua. Romeu entra no túmulo, acredita que ela está morta e se mata. Julieta acorda e, quando vê o corpo dele, se mata também. As famílias, unidas no luto, resolvem terminar a vendeta.

Shakespeare muitas vezes pensava em pares. Dá uma ideia a ele, e ele fica igualmente interessado na ideia oposta. Às vezes, trabalha com os mesmos assuntos em obras sucessivas, experimentando primeiro com comédia, e depois com tragédia. *Sonho de uma noite de verão* trata da velha história de jovens que encontram o amor verdadeiro e enfrentam oposição parental. No último ato, o fim contrário da mesma história é invocado: Bottom e seus amigos realizam o conto de Ovídio, Píramo e Tisbe, dois amantes de famílias rivais que morrem numa tragédia de mau sincronismo e desentendimento. Embora realizado no estilo de paródia, "a hilaridade muito trágica" do drama é um lembrete de que no assunto do amor as coisas nem sempre terminam bem. Romeu e Julieta é a peça complementar. Como *Sonho de uma noite de verão* é uma comédia escurecida por algo da noite, então Romeu e Julieta é uma tragédia que muitas vezes nos surpreende com momentos de comédia. O choque da aparente morte de Julieta é aumentado pela proximidade do alegre burburinho das preparações para o casamento e dos palhaços e músicos. Da mesma maneira, Shakespeare tira vários tipos da tradição de personagens cômicas – o pai tirânico, o servente impudico, o frei intrometido, o amigo espirituoso e cínico – e as transforma em tais seres complexos e multifacetados, como o Velho Capuleto, a ama e Mercúcio.

O espírito da peça é fundamentalmente ovidiano, então vamos olhar as qualidades essenciais da poesia de amor de Ovídio: a versatilidade, a declamação retórica, falas convincentes, a capacidade

SHAKESPEARE: PAIXÕES E PSICANÁLISE 135

e o talento para interpretar um personagem diferente, a transição dos triunfos do poeta para os triunfos do amor sobre as pessoas, o amor como metáfora da poesia, diversos aspectos do amor – da ludicidade até o poder da transformação. Mas a história da peça tem como base uma fonte diferente: um poema da Renascença italiana chamado "A trágica história de Romeu e Julieta". Em *Metamorfoses*, de Ovídio, "os deleites violentos terminam violentamente". As paixões intensas conduzem até as transformações dramáticas, a chama radiosa do amor dos jovens é rápida e cruelmente apagada, mas algo de constância permanece no final. Píramo e Tisbe se encontram fora de um túmulo antigo. Na morte, eles caem na terra, mas o amor deles é recordado simbolicamente na maturação da amoreira vermelho-sangue. Em *Romeu e Julieta*, frei Lourenço sintetiza elegantemente a estrutura do sentimento que está por trás desta e de tantas outras transformações ovidianas: "A terra, que é a mãe da natureza, é seu túmulo, o que é sua cova também é seu útero".[17] Olhado como um todo, esse solilóquio do frei revela nitidamente a dupla visão de Shakespeare. É construído em torno da figura retórica do oximoro – o paradoxo em que os opostos são unidos. Não apenas útero e túmulo, mas também dia e noite, ervas e flores simultaneamente venenosas e medicinais, virtude e vício, a graça de Deus e os nossos próprios desejos: "Dois desses reis antagônicos os ocupam ainda / Nos homens e também nas ervas – a graça e a volição bruta".[18] *Romeu e Julieta* contém trechos de poesia que estão entre os mais lindos de toda a obra de Shakespeare, com falas muito bem armadas: "O que há num simples nome? O que chamamos de rosa, sob uma outra designação teria igual perfume"

---

17 *"The earth that's nature's mother is her tomb, What is her burying grave, that is her womb."*

18 *"Two such opposéd kings encamp them still, In man as well as herbs, grace and rude will."*

136 AMOR – SHAKESPEARE ON LOVE

e "Mas, silêncio, que luz é que irrompe através daquela janela? É o oriente e Julieta é o sol".[19]

Também contém trechos bastante indecentes e bem-humorados. Logo antes dessa linda fala, Mercúcio faz trocadilhos e jogos de palavras sobre o sexo e os órgãos genitais. A justaposição disso à ária gloriosa de Romeu sobre o efeito transformador do amor à primeira vista representa a robustez desapaixonada de Shakespeare. Os amantes são muito jovens, mas a peça é muito adulta e reconhece que o amor e o sexo são inseparáveis.

Na primeira produção de Píramo e Tisbe, o Snout representou a muralha que separa as famílias dos dois amantes. *Romeu e Julieta* começa com Sansão, servente da casa de Capuleto, gabando-se que vai empurrar as empregadas da casa de Montecchio contra um muro. Após espancar os homens rivais, vai estuprar as raparigas, ou seja, o sexo trata de tomar, não de dar. Sansão se orgulha do nome bíblico de um homem capaz de derrubar muros, mas o que acontece na verdade é que Romeu pula facilmente o muro do horto – como Hércules de Ovídio entrando nos jardins fabulosos dos hespérides –, e assim a ação muda de tom. Os amantes se dão um ao outro, e, apesar de morrerem logo depois, o muro da divisão é desmoronado. A memória de Romeu e Julieta une as casas Montecchio e Capuleto e põe fim ao antigo rancor.

Romeu também tem de crescer depressa durante a ação da peça. No início, ele ama Rosaline, ou melhor, ele ama a ideia de amar. Nós nunca vemos Rosaline, ela existe apenas como o objeto do amor idealizado de Romeu. Ela não é nada mais que um tipo literário, a linda, porém inatingível amada, originária dos sonetos de Petrarca durante a Renascença italiana. O amante petrarquiano

---

19 *"What's in a name? That which we call a rose, By any other word would smell as sweet"* e *"But soft, what light through yonder window breaks? It is the east, and Juliet is the sun"*.

viceja no artifício e no paradoxo. O fogo no coração de Romeu depende da virgindade glacial de sua donzela: "Pena de chumbo, fumaça luminosa, chama fria, saúde doente, sono sempre desperto que não é nunca o que é".[20] E, segundo o frei, isso é meramente o ato de idolatrar, e não amar de verdade.

Ao ver Julieta, Romeu ainda poetiza, mas ele usa imagens ricamente texturizadas em vez dos oximoros banais inspirados por Rosaline: "Parece que ela está pendurada na bochecha da noite, Como uma joia rica na orelha de um etíope".[21] Quando os amantes se encontram no baile dos Capuletos, eles trançam uma dança verbal que reflete o movimento dos seus corpos e mãos: o diálogo inicial é embalado na forma de um soneto, mas durante as próximas cenas a linguagem evolui para algo mais fluido e natural. Podemos ouvir Shakespeare crescendo como poeta ao mesmo tempo que vemos o amor de Romeu e Julieta crescer do amor à primeira vista até a convicção de que cada um encontrou sua alma gêmea. O amor é uma química que nasce numa transformação fisiológica – Romeu fica "enfeitiçado pelo charme da aparência" –, mas isso se torna a descoberta da verdadeira essência da raça humana: "Como afastar-me quando meu coração está aqui? Dá meia-volta, pesada argila (seu corpo), e o centro teu (seu coração/Julieta) procura".[22]

William Hazlitt, grande crítico e ensaísta, lia Shakespeare tão profundamente quanto meditava sobre o amor. Segundo ele, apaixonar-se é como voltar para a casa dos nossos sonhos. Mas o que também atormenta quem ama é o receio de que tudo seja um sonho. Mercúcio cita o velho conto em que o amor não é nada mais que a travessura da rainha Mab, a parteira da ilusão. Romeu

---

20 *"Feather of lead, bright smoke, cold fire, sick health, Still waking sleep that is not what it is!"*

21 *"It seems she hangs upon the cheek of night, As a rich jewel in an Ethiope's ear."*

22 *"Can I go forward when my heart is here? Turn back dull earth (his body) and find thy centre (heart/Juliet) out."*

138 AMOR – SHAKESPEARE ON LOVE

abençoa a noite, mas logo depois reconhece a sua apreensão: "Em meio à noite, tudo isso não é nada mais que um sonho, Docemente lisonjeiro em demasia para ser realidade".[23] Julieta tem de enfrentar outro receio. Para uma moça na época de Shakespeare, a castidade era essencial. Perdendo a virtude sem perspectiva de casamento, ela se perde por completo. Na fala que começa "Sabê-lo bem, a máscara da noite me cobre agora o rosto",[24] Julieta revela um nível de autoentendimento excepcional. Ela sabe muito bem que os riscos do amor são muito mais altos para as mulheres do que para os homens. Então, aqui a linguagem poética de Shakespeare se torna o veículo tanto do argumento quanto da emoção. O artifício de rima é substituído por verso branco que age com a mesma flexibilidade que o próprio pensamento.

Na primeira produção, um jovem ator, com a mesma idade de 13 anos de Julieta, teria interpretado o papel dela. Destacando a extrema juventude (na fonte, Julieta tem 16 anos), Shakespeare estabelece uma posição corajosa e implícita para seu drama poético. Tanto os atores quanto os personagens falam com uma maturidade muito além da idade deles: isso, sugere o dramaturgo, é a potência metamórfica da mistura de fogo e pólvora do amor e da arte. Apesar de ser mais jovem que Romeu, Julieta é mais sábia. Ela sente o perigo quando ele fala de idolatria. No lindo e elevadíssimo dueto de amor na cena antes do exílio de Romeu, ela deseja que a canção seja do rouxinol, e não da cotovia, porque sabe que o amanhecer significa o fim da noite de amor e o início de uma dura realidade na qual ela será usada apenas como moeda de troca nas negociações entre as famílias poderosas de Verona. De acordo com as normas sociais da época, era dever dos jovens obedecer aos velhos. O casamento não tem relação alguma com amor,

---

23 *"Being in night, all this is but a dream, Too flattering sweet to be substantial."*
24 *"Thou know'st the mask of night is on my face."*

mas apenas com a consolidação e perpetuação do patrimônio e do *status*. Arthur Brooke, autor do *Tragicall Historye of Romeus and Juliet*, que Shakespeare tinha na sua frente quando escrevia, disse aos leitores que a moral da história era que jovens amantes que se entregam ao desejo erótico, negando a autoridade e o conselho dos pais, e escutando em vez disso as fofocas embriagadas e os freis supersticiosos, merecem acabar mal. Em contrapartida, porém, na peça, Shakespeare celebra a energia da juventude, e não procura promover uma moral ou condenar aquilo que Julieta chama de "oposição desobediente" dos filhos aos pais. O drama oferece o paradoxo trágico de que o calor no sangue que anima os amantes desafortunados é o mesmo fervor que leva rapazes a brigar nas ruas e matar por lealdade aos amigos. A afinidade entre amor e vingança e a guerra perpétua entre as gerações são assuntos que Shakespeare volta a abordar em peças como *Hamlet* e *Rei Lear*.

Diz-se, às vezes, que *Romeu e Julieta* é uma obra menor que essas tragédias maduras, porque a sua catástrofe é provocada pelo destino, e não pelas ações dos próprios personagens. De fato, Shakespeare impõe uma forma artística na trama por meio do recurso do Coro, com ênfase nos eventos escritos nas estrelas. Mas a desventura que provoca o final desastroso não é mero azar: Romeu não recebe a carta crucial de frei Lourenço porque frei João é detido, suspeito de estar infectado pela praga. A praga era uma realidade cotidiana na época de Shakespeare. Sem dúvida, os pregadores puritanos proclamavam que era o julgamento furioso de Deus, mas a audiência original de Shakespeare não teria pensado assim. Todo mundo no teatro conheceria famílias cujo futuro tinha sido arruinado pela praga.

Os pais devem morrer antes dos filhos, os velhos antes dos jovens. Com a praga não era bem assim. A ironia trágica de *Romeu e Julieta* é que as duas casas, os Capuletos e os Montecchios, escapam

140 AMOR – SHAKESPEARE ON LOVE

da praga, mas os filhos morrem primeiro. A cena final se realiza dentro de um túmulo ancestral, mas os mortos são a flor da juventude de Verona: Mercúcio, Tebaldo, Páris, Julieta e Romeu.

Conclusão

Finalizo com dois textos que aprecio muito e que não são de Shakespeare. Creio que eles encapsulam algo daquilo que abordei anteriormente. São do século XX, mas, para mim, falam do amor romântico e do amor que chamei de infinito. O primeiro se encontra no livro de Boris Pasternak, *Doutor Jivago* (1958):

> *Ele a amava tanto, e ela era tão amável, da maneira exata em que ele sempre pensava e sonhava e precisava. Mas o que foi que a fez tão adorável? Foi algo que podia ser nomeado e destacado numa lista de qualidades? Mil vezes não! Ela era amável graças à linha inigualavelmente simples e célere que o criador num só fôlego desenhou em volta dela, e nesta divina silhueta ela foi entregue, como uma criança firmemente embalada numa toalha depois do banho, para sua alma acalentar.[25] (p. 361)*

---

25 "*How well he loved her, and how lovable she was, in exactly the way he had always thought and dreamed and needed. Yet what was it that made her so lovely? Was it something that could be named and singled out from a list of qualities? A thousand times no! She was lovely by virtue of the matchlessly simple and swift line which the creator at a single stroke had drawn round her, and in this divine outline she had been handed over, like a child tightly wound up in a sheet after its bath, into the keeping of his soul.*"

O segundo texto é do livro de James Joyce (1992), *Retrato do artista quando jovem*:

> *Falar destas coisas, e tentar compreender a natureza delas, e uma vez compreendido, tentar lentamente, humildemente e constantemente expressar, tirar de novo da terra bruta ou daquilo que ela produz, do som e da forma e da cor que constituem os portais da prisão das nossas almas, uma imagem daquela beleza que viemos a compreender – isto é arte.[26] (p. 224)*

Observo na consciência de Shakespeare este fenômeno chamado arte, cuja fonte possivelmente se encontra no poder fenomenal, milagroso e misterioso do nosso ponto eternamente imutável, o amor infinito.

Referências

Joyce, J. (1992). *A Portrait of the Artist as a Young Man*. London: Penguin Modern Classics.

Pasternak, B. (1958). *Doctor Zhivago*. New York: Fontana Books.

Shakespeare, W. (2007). *The Complete Works*. Basingstoke: Macmillan.

---

26 *"To speak of these things and to try to understand their nature, and having understood it, to try slowly and humbly and constantly to express, to press out again from the gross earth or what it brings forth, from sound and shape and colour which are the prison gates of our soul, an image of the beauty we have come to understand – that is art."*

Loucura e razão – *A tempestade*: mudança catastrófica

Antonio Sapienza

> *Há exercícios penosos e, no entanto, em seu esforço se descobre encanto. Há como suportar coisas infames de forma nobre, e os atos mais mesquinhos nos podem conduzir a fins preciosos. Minha tarefa, sendo assim mesquinha, será tão pesada quanto odiosa, não fosse a amada que me reanima e transforma em prazer o meu trabalho.*
>
> Shakespeare, W. *A tempestade*, Ato III, Cena I

Introdução

Este texto se dirige aos psicanalistas com prática clínica e privilegia o tema – "Um paradoxo vital: ódio e respeito à realidade psíquica" – com base em um modelo estético da peça *A tempestade*. Penúltima peça teatral escrita por William Shakespeare, *A tempestade* foi representada pela primeira vez apenas em 1611, em Londres, com a presença da corte real.

144 LOUCURA E RAZÃO – *A TEMPESTADE*: MUDANÇA CATASTRÓFICA

Pode-se comparar o processo analítico a uma longa viagem, em que o par *analista* e *analisando* irá transitar por territórios e paisagens vivenciais, plenas de ideias e sentimentos, frequentemente impregnados de reverente temor. Desvendam-se mistérios a cada sessão e novos enigmas são descortinados. Sucedem-se momentos de curiosidade, aversão, terror e êxtase ante o Admirável Mundo Novo, com *ameaças de loucura e esperanças de sanidade*. Essencialmente, o dinamismo da dupla analítica baseia-se no lidar com as vicissitudes de Mudanças Catastróficas (Bion, 1966). *A tempestade* constitui, a esse respeito, um texto vivo, modelar e atual, pelo teor de situações humanas plenas de angústias, medos, turbulências emocionais e esperanças messiânicas, que se desenvolvem em espaço-tempo qual caleidoscópio multifacetado.

Há observações que permitem tomar como verdade a seguinte conjectura: alguns animais têm capacidade de captar, com certa antecedência, sinais de aproximação de cataclismos da Natureza (terremotos, furacões, erupções vulcânicas etc.). Parece que o ser humano também está dotado de equipamento que possibilita apreender o avizinhar-se de uma eclosão de cataclismo emocional, com os concomitantes temores de enlouquecimento, despedaçamento da própria personalidade ("*splitting*" do ego) (Hinshelwood & Fortuna, 2018), medo de megalomania e intensa dor mental.

A Mudança Catastrófica mantém estreita conexão com transformações em "O"(Bion, 1965). A arte encantadora e a sublime linguagem metafórica de Shakespeare nos transportam à verdejante e imaginária ilha tropical em que pai e filha, Próspero e Miranda, vivem. Aí chegaram quando a menininha Miranda ainda não completara três anos, essa que agora se transformou em bela e admirável "princesa". Próspero, o legítimo duque de Milão, lamenta os sofrimentos desse exílio, atribuindo-o, em grande parte, à sua excessiva devoção ao mundo dos livros e à sua absorção nele e, por outra parte, à astúcia e pérfida traição de seu irmão e rival Antônio, o atual duque de Milão. Em Miranda, tem seu suave bálsamo e alento para enfrentar o que está por vir. Lembra-se com carinho de Gonzaga, velho e honesto conselheiro de Nápoles, que deu suporte e amparo para Próspero e Miranda chegarem a salvo na ilha. No entanto, Milão está curvada e submissa a Nápoles, onde reina Alonso, com quem o usurpador Antônio se aliara para destronar Próspero.

Com o auxílio de Ariel, um espírito etéreo, Próspero mantém "sua" ilha sob controle mágico, e, além do mais, tem a seu serviço um escravo selvagem e deformado, Caliban (anagrama de Canibal), filho da bruxa Sycorax, antiga dona dessa ilha.

Uma frota de navios está retornando de Túnis, onde se realizara o casamento de Claribel, filha do rei Alonso (Nápoles), e, quando essa esquadra está próxima da ilha, desencadeia-se uma tempestade, graças aos mágicos poderes de Ariel, obediente a Próspero.

O navio ocupado pelo rei de Nápoles é devastado e tragado pela tormenta e, aos olhos impotentes do restante da frota, parece vir a ser engolfado pelo mar. O restante da esquadra dá por perdidos o navio real e seus ocupantes, e assim sobrevive à tempestade sem naufragar e prossegue seu retorno a Nápoles.

Enquanto isso, o navio real permanece intacto e será conduzido, por magia, até as vizinhanças da ilha. Os "náufragos", que mais de perto e diretamente interessam à trama em desenvolvimento, após terem abandonado o navio em perigo, nadam desesperadamente, enfrentando as formidáveis ondas do mar que os ameaçam afogar, e chegam à ilha em estado de intensa exaustão, sendo separados em três blocos diferentes, em territórios emocionais divergentes da mesma ilha.

O navio será mantido camuflado aos olhares humanos, graças à vegetação e ao nevoeiro providenciado por Ariel; sua tripulação

146 LOUCURA E RAZÃO – *A TEMPESTADE*: MUDANÇA CATASTRÓFICA

será mantida em transe hipnótico até quase o final da representação dramática.

Passo, então, a descrever os movimentos emocionais dos três blocos humanos anteriormente referidos nessa fantástica ilha.

Primeiro Bloco

Encantamentos e Lutos

> – *Consente em dizer-me se habitas esta ilha e se poderias ensinar-me como devo proceder aqui. Mas meu principal desejo, embora eu o revele por último, oh maravilha, é saber se és mortal ou não.*
>
> – *Não sou maravilha, senhor. Mas, certamente, sou mulher. (Shakespeare, 1991, p. 51)*

O príncipe de Nápoles, Fernando, sobrevive ao naufrágio, alcança a ilha a nado e, em estado de opressiva solidão, acabará por vislumbrar a virgem Miranda. Ambos, em especial Fernando, serão submetidos a fortes provações por Próspero, com a alegada função de avaliar seus méritos em alcançar e realizar o amor a Miranda e com ela se casar.

O herói Fernando, que escapara do afogamento, terá agora de suportar diversos sacrifícios, ou seja, aprender a rachar e a carregar lenha para manter o fogo da casa, na gruta de Próspero.

Lutos

Canto de Ariel a Fernando

Fernando – De onde virá esta música? Do Céu ou da terra? Parou. Com certeza, pertence a algum deus da ilha. Eu chorava o naufrágio do rei meu pai, sentado à beira-mar, e esta música me chegou das águas, acalmando a fúria do mar e a minha dor com sua doce melodia. Eu a acompanhei – ou, antes, ela me trouxe. Mas já se foi. Não, está começando de novo.

Ariel – Jaz teu pai a cinco braças;

Seus ossos dão em coral,

Seu olho a pérola passa,

O que era nele mortal.

O mar logo transformará

Em matéria rica e rara.

As Ondinas, ao seu lado,

Ding-dong

Dão-lhe o toque de finados

Ding-dong.

Fernando – A canção faz lembrar meu pai, que se afogou. Este som não é humano, nem pertence à terra. Agora eu o escuto acima de mim.(Shakespeare, 1991, pp. 49-51)

Em "*Totem and Taboo*", Freud (1912-1913/1955b) correlaciona essa dinâmica da relação filho-pai (complexo paterno) às fontes dessas fantasias inconscientes compondo clandestino terror-sem-nome. Assim, o analista visará ser capaz de representá-las ao analisando, possibilitando-lhe a distinção entre Fantasias Inconscientes (Mundo Interno) e Realidade Externa.

148 LOUCURA E RAZÃO – *A TEMPESTADE*: MUDANÇA CATASTRÓFICA

Freud (1912-1913/1955b), em "O retorno do totemismo na infância" (*"The return of Totemism in Childhood"*), nos recorda que boa parte desse processo de elaboração em análise seguirá a recomendação de Goethe em *Fausto* (Parte I, Cena I): "Aquilo que você herdou de seus pais, conquiste-o, tornando-o seu" (p. 158). Dessa maneira, partes de nossas personalidades que se encontravam excluídas, encarceradas, abandonadas e exiladas poderão receber "anistia" e voltar a se integrar à nossa consciência, reduzindo "estranhezas e alienações" (Freud, 1919/1955c).

Uma visão mais ampla desse primeiro bloco é a de nos colocar em contato com a interpenetração de fantasias de incesto e violência sexual, desde a cesura do nascimento, e realçar simultaneamente suas similaridades e entrecruzamento com a cesura do casamento.

Ampliam-se de um modo sutil as possibilidades de captar relações de objeto, que estão mergulhadas nos registros persecutórios e depressivos do Édipo *narcísico* na oscilação das posições esquizoparanoide e depressiva: Psßà D (Hinshelwood & Fortuna, 2018) e do Édipo das fases *pré-genitais* e *genital* (Freud, 1939/1964).

Poder-se-ia conjecturar que boa parte dos fenômenos de natureza alucinatória e os próprios sonhos correspondam a "restos" de naufrágio do complexo de Édipo, os quais retornam às praias de nossas mentes, buscando representação desses estilhaços de significativas dores mentais. As transformações desses "restos" em vértices de linguagens: Arte (Literatura, Pintura, Cinema, Teatro, Música etc.), Ciência, Psicanálise, Religião e Mitologia, ao encontrarem métodos criativos e eficientes, poderão permitir que as angústias de Mudança Catastrófica abram caminho para a criatividade, desfazendo o *trabalho do negativo* contido em bloqueios psicossomáticos, somatizações, delírios e ilusões.

Segundo Bloco

A Política do Duplo ou do Gêmeo Imaginário.

(Identificações Projetivas Eficazes quanto aos sentimentos de Arrogância, Ciúmes, Vingança e Traição: Luta criminosa e ambição desmedida pelo poder) (Bion, 1971)

Ariel (a Gonçalo) – Enquanto segues desmaiado

Vai a intriga progredindo

E cresce e engorda!

Se à vida estás apegado,

Sacode o sono, e cuidado

Acorda, Acorda!

Antônio – Agora. Não percamos tempo.

Gonçalo – Anjos do céu, guardai o Rei! (todos acordam)

Alonso – O quê! O que é isso? Acorda! Qual a razão das espadas? Qual a razão desse olhar sinistro? (Shakespeare, 1991, p. 79)

Em outro lado da ilha, vamos encontrar seis outros náufragos: Alonso, rei de Nápoles e pai de Fernando; e Sebastião, seu irmão; na época da usurpação do trono de Próspero, aliaram-se a Antônio, o atual duque de Milão e irmão de Próspero. Gonçalo, conselheiro do reinado de Nápoles e que protegera o par Miranda e Próspero do abandono e da perda na imensidão do mar,

150 LOUCURA E RAZÃO – *A TEMPESTADE*: MUDANÇA CATASTRÓFICA

reservou-lhes um barco seguro, alimentos e alguns livros, com o que pai e filha conseguiram aportar em relativa segurança à ilha; e, finalmente, dois nobres, Adriano e Francisco, que também se encontram na ilha da fantasia.

O "náufrago" rei Alonso lamenta a perda do seu reino; à sua triste sina é acrescida, de modo desesperador, a presumível morte do príncipe herdeiro, seu filho Fernando.

Enquanto isso, o usurpador Antônio entra em conluio com Sebastião visando maliciosamente o assalto ao poder real, que incluirá também o assassinato de Alonso e o massacre dos demais membros da comitiva real. Na calada da noite, todos parecem dormir. Com a ajuda de Ariel, o conselheiro Gonçalo despertará o rei e os nobres, impedindo a mortandade e, assim, evitando a tomada do poder pelos astutos e violentos parceiros Sebastião e Antônio, quais duplos, respectivamente, de Alonso e Próspero.

Em "O estranho" ("*The Uncanny*"), Freud (1919/1955c) propõe, ao se referir às correlações do mundo fantástico (ou imaginário) com o mundo real, que a estranheza do fenômeno do duplo (Bion, 1967) possa ser compreendida como intensa e enérgica negação da realidade da morte e do seu poder para cada indivíduo, ou seja, em outras palavras, uma forte repulsa à consciência dos limites de condição da mortalidade humana. Uma das reações automáticas consistiria, pois, em buscar ilusoriamente o topo por vitoriosa e triunfante prevalência da onipotência de pensamento, a fim de tiranicamente controlar a realidade. A isso subjaz a dinâmica narcísica de supor-se ou "Cesar" ou "Nada".

Sirvo-me de Freud (1920/1955a), como um firme e suave respaldo, passando a destacar o seguinte: "É plenamente lícito lançar-se em uma linha de pensamento e segui-la até onde for possível, somente por curiosidade científica, ou, se o leitor preferir, como um advogado do diabo, o qual não vendeu, por isso, sua alma ao diabo" (p. 59).

Terceiro Bloco

Drogas, Bebedeiras e Confusões de Identidade. Caliban, o escravo selvagem. Tríbulo, o bobo da corte. Estéfano, mordomo e bêbado.

Vou mostrar-te cada palmo fértil da ilha. E beijarei teus pés. Peço que sejas meu deus.

Que monstro mais fingido e bêbado! Quando o deus dele dormir, vai surrupiar-lhe a garrafa.

– Beijarei teus pés. Serei teu súdito, juro.

– Então, venha cá.

Ajoelha-te. "Jura". (Shakespeare, 1991, p. 89)

Ainda sob a ação de trovões e forte ventania, numa outra parte da ilha o primitivo Caliban participa de grotescas aventuras recheadas de peripécias e barulhos, com dois outros náufragos: o bobo da corte, Tríbulo, e o criado Estéfano, que constantemente se embriagam.

Uma *folie à deux* é seguida por uma *folie à trois*, desdobram-se desatinos, bebedeiras, alucinações e estúpidas "adorações", bem como ameaças de violência física e mental.

As vivências de desamparo e terror dos três pobres diabos se assemelham a um pandemônio: o pânico e a dor mental são

152 LOUCURA E RAZÃO - *A TEMPESTADE*: MUDANÇA CATASTRÓFICA

maltratados por grosseiras e inconsistentes soluções, à custa de "drogas", "orgasmos gastronômicos" e "falas destemperadas".

Em *"Cogitations"*, Bion (1992) expõe algumas reflexões sobre "drogas", nos seguintes termos:

Drogas são substitutos empregados por aqueles que não podem esperar.

O substituto é aquilo que não pode satisfazer sem destruir a capacidade para administração entre o que é real e o que é falso.

Seu uso é semelhante ao de um veneno para a mente.

Sua ação é periférica, e não central.

Há fuga do desamparo e afirmação da onipotência.

Na intolerância à frustração e na incapacidade de pensar, "imaturidade, confusão, desamparo e impotência" são substituídos, respectivamente, por "prematuridade, ordem, onipotência e poder".

Caminhando para a Aurora do esquecimento

Próspero (à parte) – Tinha-me esquecido da conspiração do abominável Caliban contra a minha vida. Aproxima-se o desfecho de sua trama. (aos espíritos) Muito bem. Desapareci. Já chega.

Fernando – É estranho. Uma emoção profunda parece dominar teu pai.

Miranda – Nunca o tinha visto enraivecido assim.

Próspero (a Fernando) – Pareces impressionado, meu filho, como se alguma coisa te espantasse. Sossega. Acabou-se a nossa festa. Esses atores, como eu te dissera, eram apenas espíritos, e se perderam na transparência do ar. Assim se dissolveu a ilusão. Chegará o dia em que as torres coroadas de nuvens, os palácios resplandecentes, os templos solenes e mesmo o globo imenso, e tudo quanto lhe pertence, vão desaparecer sem deixar rastro, como se dissolveu esse espetáculo. Somos dessa matéria de que os sonhos são feitos. E a nossa vida breve é circundada pelo sono. (Shakespeare, 1991, pp. 127-129)

Próspero – Convido-te a entrar em minha pobre gruta, senhor, onde poderás passar a noite com tua comitiva. Quero contar-te toda a minha história, desde o momento em que cheguei a esta ilha. Assim a noite há de passar depressa. De manhã cedo, vou levar-vos até o navio e, em seguida, seguiremos para Nápoles, onde espero assistir às núpcias de nossos amados filhos. Depois hei de partir para Milão, e reservar, de cada pensamento, a terça parte meditando a minha morte.

Alonso – Estou ansioso para ouvir a tua história, que há de me parecer estranha.

Próspero – Contarei tudo. (pausa) Prometo que terás um mar tranquilo e ventos favoráveis. Velejarás tão depressa que logo alcançarás a tua frota. (à parte, a Ariel) Ariel, meu passarinho, isso fica por tua conta. Depois retorna em liberdade aos elementos. (aos nobres) Aproximai-vos, senhores. (Shakespeare, 1991, p. 157)

Meu poder já não existe,

Só minha força persiste

E é débil; mas é verdade

Que eu Fico, à vossa vontade,

Ou será Nápoles – Não.

Tenho o ducado na mão.

Perdoei de alma serena.

Mereço escapar à pena.

Libertai-me, pois, da ilha.

Com vossas mãos-maravilha!

Vosso sopro às minhas velas.

Ou meu sonho se esfacela.

De agradar-vos... E ora em falta

Do feitiço que se exalta,

O meu fim é o desalento.

Só de orações me sustento;

Que elas assaltem, bem fortes,

Os muros da minha sorte.

Perdão que haveis de pedir,

Dai-me igual. Deixai-me ir. (Shakespeare, 1991, p. 159).

Paulatinamente, esses três blocos de turbulência emocional entram em convergência num crescendo que culmina com as seguintes "soluções" criativas das angústias catastróficas de *A tempestade*:

Com as bênçãos do conselheiro Gonçalo, casam-se Miranda e Fernando.

Os irmãos traidores e usurpadores, Antônio e Sebastião, são perdoados.

Caliban, herdeiro da magia negra, desiste de seus planos de vingança e de seus propósitos para estuprar Miranda. Dispõe-se a "arrumar" a gruta de Próspero. Simultaneamente, dissipam-se os efeitos de estupefação pelo ressaque da bebedeira do mordomo Estéfano e do bufão Trínculo.

Ariel, o espírito da magia branca, alcança libertação.

A tripulação do navio (marinheiros, contramestres e capitão) desperta do estado de suspensão da vida e todos, de modo decidido, retomam seus postos.

Desse modo, também Próspero perde sua ilha, renunciando à magia, e retorna a Milão. Prospectivamente, está incluída uma longa conversa, qual "análise" com o rei Alonso. Como um renovado rei-filósofo, Próspero se propõe a reservar uma terça parte de suas meditações ao tema "realização da cesura de morte".

Poder-se-ia compreender o rumo ou as direções para lidar com Mudanças Catastróficas ao visar a vigorosa restauração, plena de significados e ideativos, com aprendizagem realística de experiências emocionais vivificadoras para todos os protagonistas que ousamos participar dessa viagem e travessia varridas pela "tempestade", e, com base na qual, cada personalidade da dupla em cada sessão de análise não será mais a mesma.

156 LOUCURA E RAZÃO – *A TEMPESTADE*: MUDANÇA CATASTRÓFICA

A integridade científica de Freud, somada a seu amor e consideração pela realidade psíquica e por verdades humanas, permitiu-lhe servir-se da lenda ou mito de Édipo para descobrir a psicanálise e, daí então, valer-se da psicanálise para ampliar revelações e matizes do complexo de Édipo (Freud, 1939/1964), verdade básica de nossa vida mental.

Dessa maneira, por meio da psicanálise, Freud nos oferece instrumentos e equipamento confiável para lidarmos com nossa necessidade de verdade e inevitáveis reajustes por ameaças de forças ocultas, como partes psicóticas de nossas personalidades, como tirania psicótica e jogos alucinógenos, as quais visam estreitar e ameaçar o crescimento criativo de nossa vida mental.

Manifesto neste momento meus agradecimentos à estimada colega Heloisa Helena Sitrângulo Ditolvo, psicanalista valiosa, pela generosa cooperação ao longo da feitura deste escrito e lhe dedico este breve desfecho, corolário de escritos e leituras de Shakespeare, que permeiam e iluminam com linguagem poética os conflitos entre razão e loucura em *A tempestade*.

Assim, tendo em vista a experiência clínica analítica, caberiam as duas seguintes indagações: (1) quem de nós (analista e analisando) suporta aprendizagem de experiências emocionais, que sempre implica contato realístico com dor mental? E (2) qual equipamento vivencial perante a modulação de recursos internos será exigido pelo par analítico para alcançar "eficácia" de transformações que respeitem a realidade psíquica e a realidade externa, suportando visão binocular e elaborando condições psicossomáticas reais de analisando e de analista na interação de intimidade psicanalítica?

Referências

Bion, W. R. (1965). *Transformations*. London: William Heinemann Medical Books.

Bion, W. R. (1966). Catastrophic Change. *Scientific Bulletin of the British Psychoanalytical Society*, 5, 13-26.

Bion, W. R. (1967). *Second Thoughts*. London: William Heinemann Medical Books.

Bion, W. R. (1970). *Attention and Interpretation*. London: Tavistock.

Bion, W. R. (1971). *Atenção e interpretação*. Rio de Janeiro: Imago.

Bion, W. R. (1992). *Cogitations*. London: Karnac Books.

Freud, S. (1955a). Beyond the Pleasure Principle. In S. Freud. *The Standard Edition of the Complete Psychological Works of Sigmund Freud* (Vol. XVIII, J. Strachey, Ed.). London: Hogarth Press. (Publicado originalmente em 1920).

Freud, S. (1955b). Totem and Taboo. In S. Freud. *The Standard Edition of the Complete Psychological Works of Sigmund Freud* (Vol. XIII, J. Strachey, Ed.). London: Hogarth Press. (Publicado originalmente em 1912-1913).

Freud, S. (1955c). The Uncanny. In S. Freud. *The Standard Edition of the Complete Psychological works of Sigmund Freud* (Vol. XVII, J. Strachey, Ed.). London: Hogarth Press. (Publicado originalmente em 1919).

Freud, S. (1964). Moses and Monotheism: Three Essays. In S. Freud. *The Standard Edition of the Complete Psychological Works of Sigmund Freud* (Vol. XXIII, J. Strachey, Ed.). London: Hogarth Press. (Publicado originalmente em 1939).

Goethe, J. W. von. *Fausto I: parte I.* (Jenny Klabin Segall, Trad.). Belo Horizonte: Editora Itatiaia, 2004.

Hinshelwood, R. D. & Fortuna, T. (2018). *Melanie Klein: the basics.* Abingdon: Routledge.

Shakespeare, W. (1991). *A tempestade* (ed. bilíngue, G. Carneiro, Trad.). Rio de Janeiro: Relume-Dumará.

Desejo, poder e subjetividade –
Notas com base em Shakespeare

José Garcez Ghirardi

*Tens medo de ser na ação e no valor o mesmo que
és no desejo? Queres ter aquilo que estimas como o
ornato da existência, e te mostras em tua mesma
estima um covarde, dizendo "Não me atrevo" depois
de "Quero", como o pobre gato do provérbio, que
quer comer o peixe, mas sem sujar as patas?*

Shakespeare, W. *Macbeth*, Ato I, Cena VII

O desafio que Lady Macbeth lança ao marido explicita o espaço que separa desejo e ação na Inglaterra de Shakespeare, ao mesmo tempo que anuncia a crise desse império do *não me atrevo* sobre o *quero*. Sua diatribe é um libelo contundente contra esse hiato que separa intenção e gesto, uma recusa à legitimidade dessa hierarquia que faz do desejo um vassalo do dever. "Que bruto foi que te fez falar-me desta empresa? Quando a ousavas fazer, sim, eras homem! E querendo ser mais, serias por isso tanto mais homem" (Shakespeare, 1989, pp. 30-31): é impossível atingirmos

160 DESEJO, PODER E SUBJETIVIDADE

nossa plenitude como sujeitos humanos, sustenta apaixonadamente a rainha, se nos falta a coragem de buscar realizar nosso desejo.

Seria difícil exagerar o caráter subversivo de tal proposição no contexto político e social da Inglaterra elisabetana. Com a prudência arguta de sempre, Shakespeare se utiliza de um vilão, no caso, de uma vilã, para dizer o que deveria ser silenciado e para colocar no centro do palco aquilo que deveria permanecer *obsceno*. Lady Macbeth é um instrumento perfeito para esse jogo de afirmação negativa; como mulher, ela corporifica todo o longo imaginário que associa o feminino à transgressão pelo desejo: de Eva a Circe, de Salomé às feiticeiras na charneca, as mulheres seduzem os homens apenas para levá-los à perdição. Tanto o público quanto Macbeth sabem, portanto, que esse é um discurso perverso, traiçoeiro, a que não se deve dar ouvidos. E, no entanto, protagonista e plateia sabem também que esse discurso se mostrará, em última análise, irresistível. Sua atração – e este é seu aspecto mais perturbador – vem do fato de que, sob certo ponto de vista, ele *faz sentido* como discurso que legitima a ação. A força do texto magnífico de *Macbeth* deriva, em larga medida, desta ambivalência fundamental: sua personagem central é claramente um vilão cruel e sanguinário, mas também um vilão admirável porque, traidor de todos os demais, ele permanece tenazmente fiel a si mesmo e à sua transgressão: "Não me entrego! Não beijarei o pó aos pés do jovem Malcolm; não ouvirei os arrenegos da canalha... hei de bater-me até o último alento" (Shakespeare, 1989, p. 117).

O fascínio dessa coerência *interna*, dessa integridade na própria vilania, é tão poderoso que arrisca solapar o sentimento de reverência pela hierarquia *externa* e suas demandas tradicionais de renúncia aos próprios apetites. Macbeth leva às últimas consequências o conselho que Polônio dera ao filho: "sê fiel a ti mesmo" (Shakespeare, 2010, p. 30), e prefere a morte à submissão. Quando, já instalado como tirano, ele é finalmente assassinado, há um sentimento de que a ordem foi restabelecida, mas há igualmente a sensação de que o personagem mais fascinante deixou de existir. Essa contradição final, a antinomia do vilão admirável, evoca a pergunta que colocara todo o drama em andamento: "Tens medo de ser na ação e no valor o mesmo que és no desejo?", e sublinha seu potencial subversivo.

Macbeth não aceita ser sujeito a um outro, nem súdito de outro que não seja ele mesmo. Esse projeto de autonomia, essa determinação de se fazer sujeito com base no desejo individual é, no texto de Shakespeare – importa não se esquecer desse ponto –, sugestão das feiticeiras, que, "no intuito de conduzir-nos até a destruição, ... contam-nos verdades, cativam-nos com insignificâncias claramente honestas, só para trair-nos em consequências as mais profundas" (Shakespeare, 2000, p. 18).

O personagem-título é o celerado, cujo apetite desenfreado é a raiz de todo o espantoso sofrimento que faz de *Macbeth* uma das peças mais duras de Shakespeare. O desejo do tirano resulta em uma ação de perversidade absoluta.

Para exorcizar a possibilidade dessa consequência, o poder se interpõe entre a ação e o desejo. Termo polissêmico e prática multiforme, o poder – e a estrutura de controle que ele funda e expressa – é o elemento central para a compreensão dessa dinâmica que separa anseio e dever, e que submete o primeiro ao segundo. Em suas múltiplas facetas, ele delimita as condições de inteligibilidade e as possibilidades de efetivação dos dois termos em oposição, traçando, no processo, o sentido e as fronteiras entre individual e coletivo, público e privado, autonomia e heteronomia.

Na Inglaterra elisabetana, o poder se manifesta, fundamentalmente, como capacidade de *sujeição*. A ambivalência constitutiva desse processo, bem como suas implicações para as formas de

162 DESEJO, PODER E SUBJETIVIDADE

construir e entender a subjetividade, se torna evidente já na polissemia do termo em língua inglesa. *"To become a subject"* pode significar tanto "tornar-se um súdito" como "tornar-se um sujeito", simultaneidade que traz imediatamente à tona a conexão entre os processos de sujeição política e de subjetivação individual.[1]

Essa conexão se dá, em primeiro lugar e de maneira crucial, pela instituição da personalidade jurídica. Esse ato fundador do sujeito dentro de uma comunidade jurídico-política constitui o cerne da função antropológica do Direito, como destaca Alain Supiot (2005):

> ... *assim, antes mesmo de aceder, pela palavra, à consciência de seu ser, todo recém-nascido terá recebido um nome, terá sido inscrito em uma filiação: a ele será atribuído um lugar em uma cadeia geracional. Pois é antes mesmo que possamos dizer "eu" que a lei faz de cada um de nós um sujeito de direito. Para ser livre, o sujeito deve primeiro estar vinculado* (sub-jectum: *jogado sob) pelas palavras que o ligam aos outros homens. Os laços do Direito e os laços da palavra se unem assim para fazer cada recém-nascido aceder à humanidade, isto é, para atribuir à sua vida um significado,*

---

1 Os termos *sujeito* e *subjetividade* são conhecidos campos de batalha teóricos, e não apenas em uma área, como testemunham, por exemplo, os debates em Psicologia, Direito e análise do discurso. Nesse texto, eles se articulam com base no sentido que Timothy J. Reiss (2003) empresta a *"personhood"*, definida como *"the sense a human might have had of* **who** *and* **what** *she or he was in everyday experience, in doing and being in the local world"* (p. 1). Para uma síntese crítica das contribuições de Pêcheux, Althusser e Lacan sobre o tema, ver Gillot, P. (2013). Pour une théorie non subjectiviste de la subjectivité: Jacques Lacan relu par Michel Pêcheux. *Savoirs et clinique, 1*(16), 36-46.

no duplo sentido, geral e jurídico, dessa palavra.[2] *(p. 8, tradução nossa)*

O sentido da experiência individual, a composição da ideia de sujeito não se pode separar, assim, dessa *subjetividade jurídica* que representa a inserção em um sistema de regras que distinguem o obrigatório, o proibido e o permitido. Essa cartografia de interditos e obrigações constitui o espaço dentro do qual e com base no qual cada ser humano poderá dar sentido a si mesmo. Ser *humano* nessa perspectiva é estar sujeito a regras ou, para dizer com mais precisão, é ser *composto* dessas regras.

A ideia de um sujeito anterior a essa normatização e dela insulado, de uma entidade original, neutra e anômica que fosse depois submetida a regras não seria compreensível para os contemporâneos de Shakespeare. Para eles, as regras jurídicas, sociais e religiosas não eram um *a posteriori* que se impunha a um *self* virgem de determinações: essas regras *eram o sujeito*. Para esse sentido pré--moderno de identidade

> *... a sociedade política, a família, o cosmos, a natureza biológica e o mundo material não eram dimensões a que uma pessoa podia ou não aderir... Essas dimensões eram o que significava ser humano. Suas relações e elementos não eram, como observa Alister MacIntyre,*

---

2 *"Mais, avant même d'accéder ainsi par la parole à la conscience de son être, tout nouveau-né aura été nommé, inscrit dans une filiation: une place lui aura été attribuée dans une chaîne générationnelle. Car c'est avant même que nous ayons pu dire 'je' que la loi a fait de chacun de nous un sujet de droit. Pour être libre, le sujet doit d'abord être lié (sub-jectum: jeté dessous) par des paroles qui l'attachent aux autres hommes. Les liens du Droit et les liens de la parole se mêlent ainsi pour faire accéder chaque nouveau-né à l'humanité, c'est-à-dire pour attribuer à sa vie une signification, dans le double sens, général et juridique, de ce mot."*

164 DESEJO, PODER E SUBJETIVIDADE

"características que pertenciam acidentalmente aos seres humanos, devendo ser retiradas para que se pudesse descobrir o 'verdadeiro eu'".[3] (Reiss, 2003, p. 3, tradução nossa)

A natureza dessas normas, o conjunto de valores de que elas emergem e o que elas expressam são condição *sine qua non* para a compreensão da própria subjetividade. Dar sentido à própria vida exige dar sentido ao conjunto de distinções que compõe a moldura ideológica constitutiva da sociedade ou grupo humano a que se pertence e dentro da qual se erige a própria identidade.

Para o público de Shakespeare, essa moldura de sentido tem como eixo fundamental a ideia de que os seres humanos individuais fazem parte de um todo que lhes precede e que lhes determina o *telos*. A possibilidade de ser *sujeito* é indissociável dessa capacidade de sujeição, e essa capacidade de sujeição, por sua vez, é inseparável da determinação de submeter o desejo individual às normas coletivas. Essa sujeição, constitutiva da sociedade elisabetana, molda todas as dimensões da vida. A seção seguinte busca ilustrar esse argumento examinando o modo como essa dinâmica se manifesta na *família* e na *política*.

O que significa um nome?

A família é o primeiro espaço de construção desse sujeito a partir da sujeição a um coletivo normativo e hierárquico. As

---

3 *"For this sense of who-ness, political society, family, cosmos, biological nature and the material world were not realms which a person could or could not join... These realms were what it was to be human. Their relations and elements were not, as Alister MacIntyre remarks, 'characteristics that belonged to human beings accidentally, to be stripped away in order to discover the 'real me'.'"*

fronteiras que separam o doméstico e o público são, na Inglaterra de Shakespeare, muito mais porosas do que viriam a ser a partir do século XIX. As famílias mais abastadas podiam abrigar em sua órbita centenas de pessoas (Stone, 1967, p. 269), enquanto as mais pobres se sustentavam por laços de cooperação entre vizinhos e parentes e vínculos de proteção e deferência entre superiores e inferiores (Wrightson, 2003). As noções de *intimidade* e *privacidade*, que se tornariam centrais para a experiência vitoriana, seriam incompreensíveis para os elisabetanos:

> *Nas velhas sociedades [as sociedades europeias do século XVI ao XVII], o íntimo nunca é um dado: é preciso procurá-lo além dos comportamentos codificados e das palavras. O que pertence à esfera do íntimo está em todos os lugares e todos os objetos que encarnam as emoções e os afetos humanos. (Ranum, 2009, p. 211)*

Nessas sociedades, apenas a ingenuidade juvenil de Julieta lhe permite perguntar "O que significa um nome?" (Shakespeare, 2014, p. 52) em uma Verona em que o fator decisivo é ser Montéquio ou Capuleto. A tragédia dos jovens só adquire pleno sentido no âmbito da rivalidade entre essas duas *nobres famílias*: a dificuldade não é que Julieta e Romeu se unam, mas que uma *Capuleto* se vincule a um *Montéquio*. Como bem compreendem os dois amantes, essa pertença é o fator decisivo para decidir quem são, não os anseios que eles possam individualmente nutrir. De fato, sem a referência da *household* (o grupo familiar e do feixe de relações que a transpassava), Romeu nem sequer dispõe de elementos para compreender e descrever sua própria identidade:

> *Julieta – Quem é esse homem que, assim envolto pela noite, tropeça em meu segredo?*

Romeu – Com um nome, não sei te dizer quem sou. . . .

Julieta – …não és Romeu e um Montéquio?

Romeu – Nem um nem outro, bela santa, se te desagradam os dois. (Shakespeare, 2014, p. 53)

A ruptura com a hierarquia normativa que dava sentido ao sujeito impõe que se nasça de novo, "chama-me de amor e assim serei rebatizado; nunca mais serei Romeu" (Shakespeare, 2014, p. 53), em um mundo em que a normatividade se legitimasse na singularidade individual – "Romeu: Por que devo jurar? Julieta: Não jure nunca. Ou, se o fizer, jure só por si mesmo, único deus de minha idolatria" (Shakespeare, 2014, p. 55). A absoluta impossibilidade dessa reversão é tragicamente evidenciada pelo suicídio dos jovens. Como insinua argutamente Umberto Eco, sem o nome que lhe é atribuído por outros, não haveria rosa que pudesse ter qualquer perfume. Ser sujeito é sujeitar-se à normatividade dos discursos e práticas que constituem o mundo e nos constituem.

Ainda no âmbito familiar, a mesma perspectiva estrutura os divertidos desencontros de *Sonhos de uma noite de verão*. Os jovens que buscam fugir ao espaço de sujeição normativa de Atenas para se realizarem no espaço livre do desejo que é a floresta – "Nosso projeto era fugir de Atenas, para ficarmos longe do alcance das leis" (Shakespeare, 1994a, p. 259) – descobrem que, sem as leis, e sem o nome que os situa e sujeita socialmente, já não sabem quem são – "Que aconteceu contigo, meu amor? Não sou Hérmia? Não és Lisandro?" (Shakespeare, 1994a, p. 249). A nova possibilidade de vida que a anomia da floresta parecia permitir não é mais que uma quimera, um sonho breve, que o poder do príncipe tratará de corrigir, para a felicidade geral.

O final (hoje controverso) de *A megera domada* traz a mesma relação entre a sujeição obediente ao poder e a epifania do autoconhecimento como sujeito. A irascível Kate, cujos desejos violentos a tornavam, para os contemporâneos, uma verdadeira megera, descobre-se finalmente realizada na submissão a seu marido:

Teu marido é teu senhor, tua vida, teu guardião

Tua cabeça, teu soberano; é quem cuida de ti, quem se ocupa de teu bem-estar.

É ele quem submete seu corpo aos trabalhos rudes, tanto na terra, como no mar.

De noite, vela no meio da tempestade; de dia, no meio do frio,

Enquanto tu dormes calidamente em casa, segura e salva.

Só implora de ti o tributo do amor, da doce e fiel obediência:

Paga bem pequena para tão grande dívida.

A mulher tem as mesmas obrigações em relação ao marido

Do que um súdito em relação ao príncipe.

E mostrando-se indomável, mal-humorada, intratável,

Desaforada e desobediente às suas legítimas ordens,

Não passa de uma rebelde, uma vil litigante, culpada do delito de traição para com seu senhor bem-amado.
(Shakespeare, 1994b, p. 461)

168 DESEJO, PODER E SUBJETIVIDADE

A identificação marido/soberano, que espelha a identificação mulher/República, comum nos discursos políticos do período, aponta claramente o contínuo que havia entre a sujeição familiar e a sujeição política.[4]

No campo político, essa sujeição constitui a mesma essência do sistema de vassalagem que caracterizava as dinâmicas sociais desde a Idade Média. Em seu soneto 26, Shakespeare explicita essa lógica de relação, em que os sujeitos se constituem com base na hierarquia que os liga:

Senhor do meu amor, em vassalagem

Teu mérito me prende firmemente;

Envio-te por escrito esta mensagem

Por dever, não qual mostra de talento.

Dever tão grande que meu pobre gênio,

Desnudo, é de palavras desprovido.

Mas acho que com teu isento empenho

Sua mudez no teu peito encontra abrigo,

Até que um astro guie meus movimentos,

E me mostre numa luz favorável,

Vista os meus versos com os indumentos

Que aos teus olhos me tornem respeitável.

Que só então por te amar eu me enalteça,

---

4 Para um desenvolvimento maior sobre esse ponto, ver Ghirardi, J. G. (2001). *O mundo fora de prumo: transformação social e teoria política em Shakespeare* (pp. 88-103). São Paulo: Almedina.

> *Sem antes arriscar minha cabeça.* (Shakespeare, no
> prelo)

O exagero retórico da disparidade entre superior e inferior (o talento do poeta é um nada que o olhar do senhor torna respeitável, o superior é o astro que permite ao vassalo ser visto em luz favorável), que é um dos lugares-comuns da poesia do período, reflete a importância desses vínculos que forneciam "a indivíduos e grupos sua principal fonte de proteção e até mesmo de identidade individual"[5] (Kent, 1999, p. 422, tradução nossa). É nessa arena política que se manifesta, com maior evidência, a ambivalência constitutiva da noção de *subject* (súdito/sujeito), em que posição social e sentido individual se implicam mutuamente.

Quando, em *O rei Lear*, Kent busca alertar seu senhor do erro que está por cometer, o rei o silencia com base nesse pacto de subserviência – "Escuta, renegado! Por teu dever de súdito, escuta!" (Shakespeare, 1997a, p. 13) – que permite ao superior regular o direito de expressão do inferior. Significativamente, o castigo para a impudência do leal servidor é o banimento, isto é, sua excisão do corpo social dentro do qual ele encontra seu sentido. O banimento é a *morte social*: a possibilidade de vida cessa quando se é alijado do conjunto de normas de subserviência e de reconhecimento recíproco da sociedade medieval (Jacob, 2000).

Em *Hamlet*, a subserviência quase abjeta de Polônio, que o príncipe considera um tolo – "miserável, absurdo, intrometido idiota – adeus! Eu te tomei por um teu maior. Aceita teu destino; Ser prestativo demais tem seus perigos!" (Shakespeare, 2010, p. 47) –, se contrapõe apenas na forma à nobre integridade de Kent. Na substância, ela manifesta o mesmo entendimento de que seu

---

5 *"[such ties of patronage and clientage] provided individuals and groups with their principal source of protection and even self-identity."*

170 DESEJO, PODER E SUBJETIVIDADE

sentido como indivíduo é inseparável de sua posição como vassalo: "Posso assegurar ao bom soberano que o meu dever e a minha alma estão sempre a serviço de Deus e do meu rei" (Shakespeare, 2010, p. 47). As referências a dever, alma, Deus e rei se sucedem sem ruptura, em um discurso fundado exatamente nessas distinções complementares da hierarquia geral. É essa consciência que o faz ordenar a Ofélia que não aceite as investidas de Hamlet – "Lorde Hamlet é um príncipe, fora da tua órbita, isto não pode ser" (Shakespeare, 2010, p. 50).

No Prólogo de *A megera domada*, um nobre decide se divertir fazendo que o simplório Sly acredite ser um aristocrata que perdeu a memória:

> *Estou ansioso... para ver como meus servidores conterão o riso quando prestarem homenagem a esse simples rústico . . . Que achais? Se fosse transportado para um leito, envolvido em lençóis macios e se acordasse com anéis nos dedos, um deliciosíssimo banquete ao lado da cama, e perto desses solícitos servidores ao seu redor quando despertar, não esquecia o mendigo sua própria condição? (Shakespeare, 1994b, p. 378)*

Para o público de Shakespeare, *esquecer a própria condição* é o ápice do cômico – e a origem do caos. Quando os súditos não se sujeitam ao poder soberano, adverte o bispo de Carlisle em *Ricardo II*, o horror toma conta do mundo:

> *A súditos eu falo, súdito que fala movido por Deus, corajosamente, em favor de seu rei. Meu senhor de Hereford, aqui, a quem chamais de rei, é um traidor vil do rei de Hereford. E se o coroais, ouvi minha profecia: o*

sangue da Inglaterra encharcará o solo e gerações futu-
ras lamentarão esse ato odioso; a paz irá se abrigar en-
tre turcos e infiéis, e nessa sede da paz guerras assom-
brosas irão contrapor parente a parente; a desordem, o
horror, o medo e a revolta aqui habitarão, e essa terra
será chamada de Gólgota, lugar da caveira. Oh, se in-
censardes esta casa contra aquela, vereis a mais lamen-
tável divisão que jamais conheceu essa terra maldita.[6]
(Shakespeare, 1997b, p. 752, tradução nossa)

O tom profético da admoestação de Carlisle sublinha a conexão, habitual nos discursos políticos da época, entre os rebeldes que se levantam em armas contra o rei terrestre e os anjos que se insurgiram contra o rei celeste. *O Paraíso Perdido* (1667), de John Milton, se estrutura em torno dessa imagem tradicional. O pecado – imperdoável – do anjo caído é a soberba, que o instiga a não aceitar seu lugar na ordem universal.

O sentido de *proud* nas peças de Shakespeare é, assim, frequentemente negativo – ele refere as ideias de soberba, de autossuficiência e de egoísmo que fazem com que o indivíduo coloque seus desejos acima do interesse coletivo. Por isso, a virtude central para o funcionamento da sociedade elisabetana é a humildade, que nos faz contentes com nosso *estado* (Huizinga, 2010).[7] Santo Tomás

---

6 *"I speak to subjects, and a subject speaks, / Stirr'd up by God, thus boldly for his king: / My Lord of Hereford here, whom you call king, / Is a foul traitor to proud Hereford's king: / And if you crown him, let me prophesy: / The blood of English shall manure the ground, / And future ages groan for this foul act."*

7 "No pensamento medieval, o conceito de 'estado' ou 'ordem' define-se ... pela noção de que cada um desses grupos representa uma instituição divina, é um elemento na arquitetura do mundo, tão essencial e tão hierarquicamente digno quanto os tronos e os poderes da hierarquia dos anjos" (Huizinga, 2010, p. 86).

172 DESEJO, PODER E SUBJETIVIDADE

sintetiza, com a habitual elegância, o sentido que os contemporâneos de Shakespeare davam ao termo:

> *O bem da virtude humana está na ordem da razão. – Ora, essa ordem sobretudo se funda no fim. Por onde, as virtudes teologais, cujo objeto é o fim último, são as mais principais. – Mas, em segundo lugar, na ordem da sua dependência do fim, vêm os meios conducentes a esse fim último. Ora, essa ordem essencialmente consiste na razão ordenadora mesma; e, participativamente, no apetite ordenado pela razão. E essa ordenação, em universal é obra da justiça, sobretudo da legal. Ora, a humildade, em universal, é a que nos torna sujeitos, como convém, à ordenação; ao passo que qualquer outra virtude o faz em relação a uma especial matéria. E portanto, depois das virtudes teologais e das intelectuais relativas à razão mesma; e depois da justiça, sobretudo da legal, vem a humildade, mais elevada que as outras virtudes. (Aquino, n.d., grifo nosso)*

Razão, ordem e fim estão alinhados no mesmo projeto divino de justiça. A humildade nos torna sujeitos *a* esse projeto e nos situa *dentro* desse projeto de harmonia universal. Ela nos permite controlar os apetites, a *ambição exagerada* (Shakespeare, 2000, p. 31) de Macbeth que nos faz rebelar contra essa ordenação e nos leva ao não sentido – "A vida... é uma história, contada por um idiota, cheia de som e fúria e vazia de significado" (Shakespeare, 2000, p. 124).

Não surpreende, assim, que o grande medo dos contemporâneos de Shakespeare seja o *homem natural*, que se define exatamente por seguir seus apetites, e que não se sujeita às regras políticas, mas se constrói com base nas regras da Natureza. Na perspectiva pessimista da natureza humana, que ganhava força com a ascensão em prestígio da teologia calvinista, esse homem natural, corrompido pelo pecado e movido pelos apetites mais baixos, suplantava, quase sempre, o homem espiritual, que entende e acata a Ordem desejada pelos céus (Spencer, 2009, pp. 21-50).

O monólogo do bastardo Edmundo, em *O rei Lear*, explicita a ideia de que agir segundo os desejos naturais é trair a Deus por tomar como fator legitimador da ação outra lógica normativa: "Tu, Natureza, és minha deusa: às tuas leis é que estão presas minhas ações" (Shakespeare, 1997a, p. 18). A crueldade com que ele se porta ao longo de toda a tragédia antecipa o pesadelo hobbesiano de um mundo regido pelos desejos, em que a vida humana seria "solitária, miserável, sórdida, brutal e curta" (Hobbes, 2003, p. 106).

A fascinante hipocrisia de Iago, que alerta contra os perigos de seguirmos "os ardores de nossa carne" (Shakespeare, 1999, p. 39) e a maravilhosa sinceridade de Ricardo III – "E, portanto, já que não posso ser um amante, e deliciar-me com dias elegantes, estou determinado a provar-me um vilão, e odiar a delícia desses dias"[8] (Shakespeare, 1997b, p. 632, tradução nossa) – também explicitam os extremos de vileza a que pode levar essa recusa à sujeição.

Entretanto, é talvez em *Tróilo e Créssida*, uma de suas peças menos celebradas, que Shakespeare apresenta com mais clareza essa ligação tradicional entre desejo individual e caos:

> *Destruí a hierarquia; tirai do tom apenas essa corda*
> *e vede que caos se segue! Todas as coisas se põem em*
> *conflito . . . Então tudo se resume à força; a força, à*

---

8 *"And therefore, since I cannot prove a lover, / To entertain these fair well-spoken days, / I am determined to prove a villain / And hate the idle pleasures of these days."*

174 DESEJO, PODER E SUBJETIVIDADE

> *vontade; a vontade, ao apetite; e o apetite, lobo universal, assim apoiado pela vontade e pela força, deve forçosamente fazer do universo sua presa e, por fim, devorar-se a si mesmo.*[9] *(Shakespeare, 1997b, p 455)*

O sentido da subserviência à hierarquia vem da ordem divina do cosmos, não da vontade dos homens. A vontade de se constituir como sujeito fora dessa ordem e contra essa ordem é uma insanidade que é filha da soberba. Romper com essa moldura não é se libertar, mas, sim, perder-se, pois esse rompimento contraria a natureza social e dialógica que constitui o cerne da percepção que os elisabetanos tinham de seu sentido como sujeitos/súditos.

"Não sou quem eu sou"[10]

O solilóquio de Iago na abertura de *Otelo* mescla, em sua tessitura, as duas dimensões que este texto propôs como fio condutor para refletir sobre as conexões entre subjetividade, desejo e poder na época de Shakespeare. Iago, como oficial de alta patente, faz parte da *household* expandida de Otelo. A ordem para que ele acompanhe Desdêmona até Chipre e a amizade entre Emília, sua esposa, e a esposa do general testemunham essa imbricação inextricável entre relações familiares e relações de vassalagem.

No âmbito político, Iago reconhece, pelo avesso, o dever de sujeição a seu superior. De fato, é a *naturalidade* desse vínculo que permite que Iago iluda o comandante. A ingenuidade de Otelo é

---

9 *"Take but degree away, untune that string, / And, hark, what discord follows! each thing meets / In mere oppugnancy: . . . Then every thing includes itself in power, / Power into will, will into appetite; / And appetite, an universal wolf, / So doubly seconded with will and power, / Must make perforce an universal."*
10 Shakespeare, 1999, p. 15.

a de acreditar que os seres humanos agem sempre de acordo com a ética da honra cavalheiresca e que essa lógica de submissão está inscrita na natureza das coisas. Súdito exemplar, ele não acredita que alguém possa pautar seu comportamento por outro imperativo.

Se os homens fossem todos bons, para lembrarmos das lições de *O Príncipe* (1532), o mundo seria assim e os aduladores traiçoeiros não poderiam prosperar. A experiência, entretanto, mostra que há outras razões para agir que não sejam o dever: subestimar a força do desejo é uma tolice que os príncipes não podem se permitir. Ao fazer de Iago um *Maquiavel de palco*,[11] Shakespeare dá voz, assim, à crença dos contemporâneos de que o desejo de autonomia é fruto de um espírito corrompido e subverte, pérfida e inevitavelmente, a ordem do mundo. Os que agem segundo essa lógica são traidores do coletivo e merecem punição eterna.

A corrupção política assume, nesse contexto, uma conotação mais profunda: ela é um desregramento do sujeito que recusa a legitimidade da estrutura hierárquica que constitui o mundo e a constitui no mundo. Na tradição elisabetana, no mais recôndito dos infernos, Satã mastiga continuamente Brutus, Judas e Maquiavel, indicando o contínuo perigoso que há entre revolta contra a autoridade constituída, traição do sagrado e reconhecimento de que o desejo é fundamento das ações humanas.

O esgarçamento dessa moldura medieval de sentido, que implica um sujeito/súdito construído prioritariamente com base em suas pertenças externas, está no coração da obra dramática de Shakespeare. Hipnotizados pela beleza de sua linguagem, vemos sucederem-se no palco personagens cindidos entre a experiência da paixão e a consciência do dever. Apresentado com leveza nas comédias (em que ao autor faz coincidir, ao final, desejo e dever),

---

11 Cf. Grady, H. (2002). *Shakespeare, Machiavelli, and Montaigne: Power and Subjectivity from Richard II to Hamlet*. Oxford: Oxford University Press.

DESEJO, PODER E SUBJETIVIDADE

com matizes sombrios nas tragédias (em que essa antinomia resulta em morte), o conflito entre a ação e o desejo incessantemente reapresentado por Shakespeare coloca em cena tensões que estariam no centro de formas posteriores de entender a subjetividade. O fascínio de Freud pela obra do bardo testemunha a força dessa intuição dramática.

Referências

Aquino, T. de. [n.d.]. *Suma teológica* (Questão 161, Art. 5). Recuperado de https://sumateologica.files.wordpress.com/2017/04/suma-teolc3b3gica.pdf

Hobbes, T. (2003). *Leviatã* (R. Tuck, Org., J. P. Monteiro & M. B. Nizza da Silva, Trads.). São Paulo: Martins Fontes.

Huizinga, J. (2010). *O outono da Idade Média*. São Paulo: Cosac Naify.

Jacob, R. (2000). Bannissement et rite de la langue tirée au Moyen Âge. Du lien des lois et de sa rupture. *Annales. Histoire, Sciences Sociales. 55ᵉ année, n. 5*, p. 1042.

Kent, F. W. (1999). Patronage. In P. F. Grendler (Ed.). *Encyclopedia of the Renaissance*. New York: Charles Scribner's sons.

Ranum, O. (2009). Os refúgios da intimidade. In R. Chartier. *História da vida privada* (Vol. 3). São Paulo: Companhia das Letras.

Reiss, T. J. (2003). *Mirages of the Selfe*. Stanford: Stanford University Press.

Shakespeare, W. (1989). *Macbeth* (M. Bandeira, Trad.). São Paulo: Brasiliense.

Shakespeare, W. (1994a). *O sonho de uma noite de verão* (F. C. de Almeida Cunha Medeiros & O. Mendes, Trads.). São Paulo: Círculo do Livro.

Shakespeare, W. (1994b). *A megera domada* (F. C. de Almeida Cunha Medeiros & O. Mendes, Trads.). São Paulo: Círculo do Livro.

Shakespeare, W. (1997a). *O rei Lear* (M. Fernandes, Trad.). São Paulo: L&PM.

Shakespeare, W. (1997b). *Complete Works* (David Bevington, Ed.). New York: Longman.

Shakespeare, W. (1999). *Otelo* (B. Viégas-Faria, Trad.). São Paulo: L&PM.

Shakespeare, W. (2000). *Macbeth* (B. Viégas-Faria, Trad.). São Paulo: L&PM.

Shakespeare, W. (2010). *Hamlet* (M. Fernandes, Trad.). São Paulo: L&PM.

Shakespeare, W. (2014). *Romeu e Julieta* (B. Viégas-Faria, Trad.). São Paulo: L&PM.

Shakespeare, W. (no prelo). *The Sonnets of William Shakespeare & os sonetos de Almiro W. S. Pisetta*. São Paulo: Martin Claret.

Spencer, T. (2009). *Shakespeare and the Nature of Man*. Cambridge: Cambridge University Press.

Stone, L. (1967). *The Crisis of the Aristocracy: 1558-1641* (abridged edition). Oxford: Oxford University Press.

Supiot, A. (2005). *Homo juridicus: essai sur la fonction anthropologique du Droit*. Paris: Seuil.

Wrightson, K. (2003). *English Society: 1580-1680* (revised edition). New Brunswick: Rutgers University Press.

Memória – O percurso de Shakespeare como autor[1]

Barbara Heliodora

Pretendo fazer um panorama do que me parece ser a trajetória de Shakespeare e sua evolução como autor.

Quando ele começa a escrever, por volta de 1588, o que é chamado de teatro elisabetano tinha começado no inverno de 1587 para 1588, com duas peças cruciais. Outras coisas já vinham sendo feitas, mas o crucial foi a estreia destas duas peças: *Tamburlaine* (*Tamerlão*), de Christopher Marlowe, e *A tragédia espanhola*, de Thomas Kyd. Eles são importantes por terem sido os primeiros a escrever para o chamado teatro público, teatro profissional. Vários deles, Greene, Lodge, Lyly, Peele etc., tinham começado a fazer essa fusão da tradição medieval popular inglesa com as formas romanas que vieram com a Renascença. Isso foi o golpe do teatro elisabetano, como foi do Século de Ouro Espanhol. A França e a Itália liquidaram tudo que vinha da Idade Média, e veio

---

1 Aula ministrada ao Grupo de Estudos Conversando com Shakespeare, em 16 de março de 2007, na Sociedade Brasileira de Psicanálise de São Paulo (SBPSP). A transcrição da gravação foi editada por Heloisa H. Sitrângulo Ditolvo, Márcia Porto Pimentel e Silvia Martinelli Deroualle.

180 MEMÓRIA – O PERCURSO DE SHAKESPEARE COMO AUTOR

o Neoclassicismo só de regras, uma maneira completamente diferente. Mas a Inglaterra, não. O teatro medieval era tão popular que, quando eles começaram a fazer peças da Renascença – por influência, principalmente, das universidades –, havia uma diferença: no teatro popular, tudo acontecia em cena, vinham umas carrocinhas que apresentavam as *miracle plays*, que era a Bíblia toda. Eles apresentavam tudo em cena, flagelação de Cristo, Juízo Final, tudo. Mas era numa convenção muito ingênua, encontrada no interior, onde eles fazem os teatros, os jogos dramáticos, que são de um realismo ingênuo muito interessante. Certa vez eu fui ver, no interior de Minas Gerais, uma peça de circo, e na segunda metade do espetáculo, como se fazia circo no Brasil, era apresentado o drama. E o drama era algo terrível. Eu cheguei a ver uma peça chamada *E o céu uniu dois corações*. Era tão ruim que era bom. Era o teatro popular brasileiro.

No teatro clássico, na Grécia e em Roma, nada acontece no palco. Assim como os elisabetanos, eles não têm nem cortina nem *blackout*. As cenas eram durante o dia, mas eles não ousavam acreditar na plateia a ponto de fazer tudo acontecer no palco. O Édipo sai, vai arrancar os olhos lá fora e volta, assim como a Jocasta vai morrer lá fora. Tudo acontece fora e é comentado em cena. O que se vê sempre é o reflexo de um acontecimento que não teve lugar no palco. Mas, quando começa o teatro na igreja, no século X, na Suíça, eles colocam três monges para representar as três Marias, que se aproximam do que seria o túmulo de Cristo, perto do altar. Havia outro monge, que seria um anjo. O objetivo era representar as histórias sagradas, uma vez que a maior parte dos frequentadores da igreja era analfabeta e não tinha como ler a Bíblia nem as histórias sagradas. É por isso que existem catedrais maravilhosas românicas, onde você entra e tem toda a história mostrada em quadrinhos. As pessoas vêm e aprendem. E o teatro medieval era isso. Era maravilhoso.

SHAKESPEARE: PAIXÕES E PSICANÁLISE 181

Eles acharam lindo representar. Primeiro, foi a Paixão, depois veio o Natal, que começou a ser dramatizado. A Paixão começou a ser não só as três Marias chegando lá, mas com um outro altarzinho, um pequeno cenário onde elas compravam os perfumes para ir perfumar. Fez tanto sucesso que não cabia mais na igreja, foi para o adro. E logo adquiriu um tamanho que precisou ir para praça e sair da igreja e migrar para mundos particulares. Na Espanha, na Itália, na França, foi para a mão de irmandades. Na Inglaterra, foi direto para as guildas, as corporações de ofício. Eu penso ser esta a razão pela qual não havia atores no teatro elisabetano, porque, enquanto estava na igreja, eram só monges, nem tampouco havia atrizes. Mas, na Inglaterra, foi para as guildas, e não havia ofícios femininos organizados.

As guildas são corporações de ofício, uma espécie de sindicato, mas é um sindicato diferente, porque ele se responsabiliza pela formação do artesão, é o mestre e o aluno.

Cada guilda fazia uma pecinha. A partir de 1275, a Bíblia toda já estava dramatizada e o ciclo inteiro, como era chamado, era apresentado no dia de *Corpus Christi*. Por volta do século XII, final do século XII e início do século XIII, a Igreja teve uma ideia: se eles são analfabetos, quem sabe não entendem o latim? E fizeram tudo de novo no vernáculo de cada área. Resultado: virou teatro. Foi logo depois disso que os teatros saíram de dentro das igrejas. Porque, além da ação, eles entendiam o que estava sendo dito, foi um sucesso. A partir de então começa a se elaborarem e a se representarem situações de que a Bíblia nunca ouviu falar, enriquecida com as improvisações.

O teatro elisabetano surge sob a influência da Renascença, e a Renascença chegou tarde à Inglaterra. A "ilhazinha" estava lá separada, só chegou no final do Henrique VII, principalmente Henrique VIII. E veio por intermédio principalmente das universidades

182 MEMÓRIA – O PERCURSO DE SHAKESPEARE COMO AUTOR

e dos colégios. Eles aprendem com o drama romano. Plauto e Terêncio na comédia, e Sêneca na tragédia. A princípio, nada acontecia no palco, mas havia uma preocupação literária que o teatro popular medieval não tinha, porque era escrito pelos atores das guildas, era verso em pé-quebrado, era uma coisa incrível. Começaram a tentar a comédia de maneira puramente latina, não podia haver mistura de gêneros, porque eram respeitadas as unidades. Chegou um ponto em que a comédia clássica tinha forma, mas não tinha público; e o popular tinha público, mas não tinha forma. A maravilha do teatro elisabetano é que se conseguia juntar o melhor de dois mundos, e o catalisador que permitiu essa união foi a poesia. Com a poesia, conseguiu-se juntar a imaginação do teatro popular com a forma do teatro romano. As peças que eles apresentavam eram pequenininhas, aprenderam a ter uma comédia com cinco atos, com um arco de ação maior, que pode tratar de assuntos muito mais sérios, justamente porque levavam cinco atos. Passa-se a ter um grande protagonista, e então se começa a fazer uma tragédia. Na época de Marlowe, os outros já estavam escrevendo com essa preocupação literária, mas muitos escreviam para os meninos cantores das capelas, dos nobres e da rainha. Como os meninos cantores não eram grandes atores, era a poesia a responsável pela maior parte das apresentações. Mas, quando você põe atores dizendo a poesia, eles podem agir, representar. É a tragédia pré-shakespeariana... Com Marlowe e principalmente com a obra de Shakespeare, a poesia adquire uma fluência que, certamente, vai alterar toda a maneira de representar. Tudo era muito formal e retórico, a interpretação era feita com base nos manuais de retórica: "não", "por favor", "sim". Ator ruim faz isso até hoje. Depois que Shakespeare escreve, tudo teve de ser alterado, porque havia um comportamento humano. Minha maior admiração por Shakespeare foi o fato de ele ter tido um longo caso de amor com a humanidade durante toda a sua carreira. Para ele, gente era fascinante.

O que o apaixonou a vida toda foi a variedade e a amplitude do potencial humano, para o bem e para o mal. Um crítico fez uma apreciação que eu considero maravilhosa: que a moralidade de Shakespeare é a moralidade da natureza. Para ele, o certo é agir como a natureza. Quando ele vê um sujeito de 80 anos querendo se casar com uma mocinha de 16, ele acha errado, porque não é o lógico. O século XII, que é o meu favorito, é crucial. Quem propõe muito bem essa ideia é Kenneth Clark. Ele diz que a diferença é que até o século XII as pessoas partilhavam com Santo Anselmo: "para compreender, eu tenho que crer". A partir daí, seguiam com Abelard: "para crer, eu tenho que compreender". Essa é uma mudança radical, e é quando aparece o Romantismo.

Desde a Antiguidade até então, as mulheres sempre foram parte dos móveis e utensílios. Os casamentos eram negociados, faziam-se uniões em função do título do pretendente. No século XII, não se sabe o porquê, há uma mudança radical, a mulher começa a ser reverenciada, cantada em prosa e versos. Muitos dizem que foi porque houve uma grande expansão do culto à Virgem Maria, mas eu acredito mais numa teoria maravilhosa que diz o seguinte: é o primeiro século das cruzadas, quando os maridos foram todos para as cruzadas e as mulheres ficaram no castelo. Só quem ficou em casa foram os jovens pajens, mas eles cresciam. Se pegarmos toda a teoria do amor cortês, ela é sempre acima do amante da estrutura feudal. Os trovadores franceses, os galaico-portugueses, chamam a amada de *senhor meu*, porque ela é, realmente, na hierarquia feudal, sempre acima do amante, e ele deve a ela obediência total. Se vocês lerem Chrétien de Troyes, *Chevalier de la charrette*, a Guinevere manda o pobre coitado Lancelote, o grande, puro, maravilhoso, obedecer a ela. Ele tem que atravessar a cidade na carroça dos condenados, a coisa mais humilhante que podia acontecer. Ele hesita durante uma fração de segundo, e por seis meses ela não fala com ele. E começam os tribunais de amor, a religião do amor,

184 MEMÓRIA – O PERCURSO DE SHAKESPEARE COMO AUTOR

que valoriza a mulher e vem todo um romantismo. É quando aparecem os romances de cavalaria.

Quando os elisabetanos em geral e Shakespeare em particular começam a escrever, não era mais possível ignorar o componente romântico, que já existia desde o século XII. Tudo entra na dramaturgia elisabetana.

Há três fatores básicos para o aparecimento desse teatro. O primeiro é a própria sociedade elisabetana. O pai de Elisabete, Henrique VIII, separou a igreja inglesa da igreja de Roma, e, diante de um parlamento, de que toda a nobreza era parte, é *ex officio*, e os nobres eram todos católicos, ele enobreceu uma porção de burgueses ricos da classe mercante protestante para equilibrar o ponto de vista religioso entre os nobres. A nobreza inglesa viveu isso como uma meritocracia. Esse mesmo choque ocorreu quando a rainha deu o *Order of the British Empire* aos Beatles, como mérito pelos milhões de libras que trouxeram para a Inglaterra.

Passa a haver a possibilidade de trânsito social, quem sabe um dia eu faço algo e sou alçado à nobreza? A consequência é que, por volta de 1550, todos com essa expectativa de ascensão à nobreza escrevem coisas maravilhosas. A burguesia começa a se vestir melhor, a ter casa mais bonita, a falar melhor, a se informar mais, porque não sabe qual é o dia em que se pode ter uma chance de vir a ser nobre. Essa ideia do trânsito social é um dos aspectos que pesam muito nesse teatro.

O segundo fator é o aparecimento da forma do teatro. Na Idade Média, os ingleses usavam umas carrocinhas, as guildas, e cada guilda só apresentava um episódio; um apresentava Gênesis, o outro apresentava Caim e Abel, até o Juízo Final. Aquela carrocinha servia de palco, ficava um pouco acima, eles montavam ali, representavam para todo mundo. Desde então, surge um teatro de convenção. Se eu estou aqui na ponta da carrocinha e ando para lá, significa que estou em outra cidade, aquele público começa a aceitar esse tipo de convenção. Eles já sabem que, se você andou até lá e disse que está em outra cidade, é óbvio que você está em outra cidade. O público começa a acreditar na palavra, no diálogo, que, aliado à poesia, leva a uma transformação do texto. O importante é que uns "loucos" largaram suas profissões para serem atores, e isso foi trágico: enquanto eles eram funileiros, açougueiros, tinham um lugar na sociedade e faziam as pecinhas dos ciclos. Foram chamados de *masterless men*, homens sem amo, porque a Idade Média gostava de catalogar. O sujeito tinha que pertencer a alguma coisa. E não havia um cartaz com o nome do ator, não havia uma guilda de atores, então o sujeito podia ser preso. Onde é que eles se apresentavam? Preferencialmente, nos pátios das hospedarias, que eram construídas em forma quadrangular e tinham um portão por onde as carruagens dos hóspedes ficavam no pátio. Eles entravam com a carrocinha e encostavam no fundo. Todos que entrassem pelo portão pagavam. Não sei qual era o acerto que era feito com a turma que estava hospedada. Uma vez que eles saíam da guilda e faziam isso, ficavam impedidos de apresentar peças religiosas. É nesse momento que começa o drama que perdura até hoje: o ator tem de encontrar o texto que chame público.

No século XIV,[2] as guildas estão fora da igreja e não podem apresentar textos religiosos. Esses são privativos das guildas. O que tem que aparecer? Autores para escrever peças. E, como além da Bíblia existia uma série de peças que eram as vidas dos santos, começou a ser insuficiente um dia só de festival de peça por ano. Eu tenho a impressão de que devia aparecer milagre que os santos nunca pensaram que tinham feito, porque eram bem dramáticos, aquilo ia sendo enriquecido. Eles vão realmente do milagre, da

---

2   Em sua fala, a autora não mencionou o terceiro fator, mas, pelo contexto, deduz-se ser este. (N. E.)

186 MEMÓRIA – O PERCURSO DE SHAKESPEARE COMO AUTOR

vida do santo, ao bangue-bangue. Porque é uma aventura, para viver o milagre, ele briga com um dragão, que era o cavaleiro, como Arturiano fazia.

Em 1500, e já estamos no século XVI (1576), um ex-carpinteiro, que tinha largado a profissão para trabalhar com teatro, chamado James Burbage, achou que Londres, que na época tinha mais ou menos 250 mil habitantes, comportaria um local permanente para serem apresentadas as peças. Ele constrói um espaço quadrado com uma porta na entrada. O palco aumentou, mas ficou na mesma posição. Havia as galerias em volta e, atrás do palco, tinha um palco interior, porque assim uma cortina podia fechar – afinal, é muito chato você morrer, ter que levantar e ir embora, então preferencialmente você morre lá dentro. Quando o ator morre aqui fora, tem que encontrar uma solução. É o Hamlet arrastando o corpo do Polonius, todo mundo acha lindo, mas é porque precisava tirar o corpo dali, senão ia ter que levantar para sair. Acima do palco interior ficava o palco superior, e duas carreiras de arquibancadas mais caras; se o sujeito pagasse um pêni, ficava em pé em volta do palco. Eu quero que vocês se lembrem de Hamlet, a diferença que faz o Hamlet chegar na beira do palco exterior, "do avental", como eles chamam, cercado de gente, e dizer os monólogos todos. A ideia de revelação do seu íntimo fica muito mais plausível do que num palco italiano, principalmente nos teatros que ainda têm um poço de orquestra e o ator fica "ser ou não ser" para uma plateia que está a dez metros de distância. O palco é fundamental, eu estou falando dele porque Shakespeare escreveu para aquele palco. Esse teatro, a céu aberto, era completamente diferente do teatro que foi desenvolvido na Itália. Em 1594, é construído o primeiro teatro, prédio, em Vicenza, pelo Palladio. Ele imita e é uma miniatura de um grande teatro romano. Tem uma arquibancada, um semicírculo de arquibancada, só que é tudo de madeira, é lindo. O palco é muito fino, só tem duas entradas, uma de cada lado; tem um cenário maravilhoso, que é uma falsa perspectiva, é uma cena, uma feira de rua. Tem ruas que saem, apesar de o ator não poder usar nada daquilo, porque é uma perspectiva falsa. Há estátuas no alto da colunata em volta, como seria num palco grande de teatro românico, e o céu pintado de azul, com nuvenzinha cor-de-rosa e branca. Não deixem de ir à Vicenza e visitar, é maravilhoso. O palco era pequenininho e não havia projetores de luz, então a luz era a mesma lá e cá, e o ator não podia ficar muito perto do cenário, senão ficava maior do que o palácio, porque era em perspectiva, aquilo tudo era para ser visto de longe. O público ficava na frente e havia seis ou oito personagens. No palco inglês, podia-se ter quantas quisesse; em *Ricardo III*, são 54 que falam. As históricas têm, em média, quarenta personagens; as tragédias têm, em média, trinta; as comédias têm, em média, vinte. Por isso é que os críticos neoclássicos dos séculos XVII e XVIII diziam: "Shakespeare é um idiota, ele não sabe escrever para teatro, isso é ridículo, isso não cabe no palco". Não cabia no palco que não tinha projetores, o fundo do palco não podia ser usado, todo mundo tinha que ficar na frente. Se formos ler Racine, o máximo são doze personagens. Porém, a céu aberto, tem-se a liberdade para ocupar todas aquelas áreas.

É com esse palco que, em 1576, vai aparecer o teatro elisabetano na dramaturgia, que, como disse, é a união do romano com o tradicional, com uma liberdade absoluta.

Como eles já vinham vivendo de convenções nas carrocinhas, eles vão fazer dramaturgia que não é de local e hora, é de ação e convenção. Se eu digo que estou aqui, estou. Se eu digo que é de noite, é de noite. Se vocês lerem *O mercador de Veneza*, o quinto ato começa com um diálogo maravilhoso da Jéssica e de Lorenzo: "*In such a night as this*" [Numa noite assim], é claro que fica de noite, todo mundo diz uma porção de vezes e depois o Lorenzo ainda diz: "Olha como fica o luar sobre essa encosta". O texto e a

188   MEMÓRIA – O PERCURSO DE SHAKESPEARE COMO AUTOR

poesia do texto funcionam como encantadores de serpentes para o público, que se envolve com tudo que é dito.

É nesse mundo que William Shakespeare começa a escrever. Ele vai chegar a Londres, ninguém sabe exatamente quando, mas tem que ser entre 1588, 1589, no máximo 1590, porque em 1592 um dos primeiros autores da fase elisabetana, Robert Greene, passou a ter sucesso e fez comédias românticas muito bem. Mas ele tinha passado de moda, e era um louco, de qualquer maneira. Publicava uns panfletos que vendia aos montes, porque ele dizia que eram todos ensaios morais. Descrevia as piores poucas-vergonhas que se pode imaginar e, no fim, dizia: "Isto é errado". A turma comprava que era uma maravilha. Depois ele se arrependia e passava uma fase se chicoteando até sangrar. Em seguida, começava a escrever tudo de novo, era um louco. Quando ele estava morrendo, na miséria, a última coisa que escreveu foi um panfleto chamado *Um tostão de sabedoria comprado com um milhão de sofrimento*, no qual aconselha os outros autores a não confiar em atores, porque os atores se metem e depois não são agradecidos ao texto que eles escreveram. E apareceu um autor que se considera o maior "sacode cenas"; portanto, Shakespeare virou *Shakescene*, e ainda faz um trocadilho com uma fala do terceiro Henrique XVI: "Eu não conheço ninguém no mundo que ataque um desconhecido fracassado, ninguém vai saber quem é".

O fato é que, em 1592, Shakespeare já estava fazendo sucesso suficiente para incomodar todo mundo, porque, sem isso, ele não ia escrever aquele panfleto. Ninguém sabe onde é que ele começou. Hoje em dia, se acha que ele começou escrevendo para a companhia patrocinada pelo conde de Pembroke. O patrocínio dos nobres era o seguinte: quando eles ficaram homens sem amo, a solução era conseguir um nobre para ser patrono da companhia. O autor pode dizer que você é *"man"* do seu fulano de tal, e com isso não é preso. O lorde fulano de tal não paga nada a eles, a não ser no dia em que ele quer que vão representar uma pecinha na casa deles, aí, sim, ele dá um dinheirinho e pronto. Mas o fato de não poder ser preso é ótimo, e é dessa maneira que começam as companhias.

Em 1592, Shakespeare aparentemente tinha escrito umas quatro ou cinco peças. Nesse ano, todos os teatros em Londres fecharam por causa de mais uma epidemia de peste. Esta, depois da epidemia inicial, em 1348, ficou mais ou menos endêmica, e periodicamente, epidêmica. Era tão comum que já havia uma lei. Na semana em que morressem mais de trinta pessoas, fechava-se tudo. Os teatros só reabrem em 1594, quando a grande carreira de Shakespeare vai começar. Algumas companhias desapareceram, outras se fundiram e foram excursionar no interior da Inglaterra. Cinco títulos shakespearianos eram da companhia do Pembroke, que desapareceu, e foram comprados pela companhia que eventualmente foi organizada depois que acabou a peste, na qual Shakespeare entrou como sócio. Em 1594, Richard Burbage, cujo filho foi o maior ator da sua época, diz: "Foi para mim que Shakespeare escreveu Romeu e Hamlet". E, lendo-se as peças na cronologia, o protagonista vai ficando mais velho, porque o Richard Burbage está ficando mais velho, é muito engraçado. Shakespeare não escrevia numa torre de marfim, ele escrevia para aquela companhia, para os atores que ele tinha. Uma missa por semana, quem é bom não tem mistério. E Shakespeare é assim, ele escrevia sem parar para aquela companhia, ele nunca mais escreveu para outra. Provavelmente, graças a um dinheiro que o conde de Southampton teria dado a ele, porque ele dedicou os dois longos poemas "Vênus e Adônis" e "O estupro de Lucrécia" ao conde de Southampton, que era famoso por ser o patrono das artes. São chatérrimos os poemas, horríveis. E ele escreveu para provar que era poeta, porque esse negócio de escrever para o teatro não dá fama a ninguém.

190 MEMÓRIA – O PERCURSO DE SHAKESPEARE COMO AUTOR

Finalmente, vamos entrar em Shakespeare. O que eu acho fascinante em Shakespeare é que, se pegarmos as primeiras peças que ele escreveu, a minha impressão é que ele viu tudo que aquele grupo que é chamado de University Wits, Marlowe, Kyd, Lodge, Greene, Peele, Lyly produziu, enfim, eles inventaram uma variedade de gêneros. Como eles não acreditavam nas regras clássicas, não havia unidade de tempo, unidade de lugar nem unidade de decoro, que impedia que a comédia tivesse qualquer coisa trágica, e a tragédia qualquer coisa cômica, eles misturavam tudo. Assim nasce a tragicomédia. A primeira vez que o título é usado é *Damon and Pythias*, que é escrito um pouco antes de Shakespeare. Eu acho que ele viu aqueles gêneros todos, tinha tragédia de sangue, tragédia de vingança, comédia romântica, comédia romana; o único gênero que ele nunca escreveu foi a tragédia doméstica, os outros ele eventualmente escreveu. Shakespeare aprende e escreve, e o princípio de sua carreira é uma variedade inacreditável. *A comédia dos erros* é uma comédia romana; *Os dois cavalheiros de Verona* é uma comédia romântica; *Tito Andrônico* é uma tragédia de vingança; *Trabalhos de amor perdidos* é uma tragédia sofisticadérrima, provavelmente escrita para a corte da condessa de Pembroke. O *Henrique VI* é a única forma que Shakespeare vai criar, vai ser outra peça histórica. O que tinha vindo antes dele era algo chamado peça crônica, que contava, efetivamente, a vida dos reis. Elisabete tinha subido ao trono em 1558, ano em que é derrotada a armada espanhola, e a Inglaterra passa a ser considerada potência de primeira linha. A partir de então cresce uma curiosidade de saber o passado, como é que nós chegamos até aqui? E há várias peças sobre reis, não só da Inglaterra, mas começa o interesse pela História por causa dos descobrimentos, por causa da Renascença. Mas as primeiras são crônicas, o próprio *Tamburlaine*, de Marlowe: ele mata, esfola, mata dois mil, mata três mil, mas, no fim, morre de resfriado.

No entanto, Shakespeare faz outra coisa, que se chama peça histórica. Ele conta a história do rei, ele escreve sobre aquele rei, porque com aquele rei ele pode dizer alguma coisa. E os três *Henrique VI* são das primeiras peças, que ainda é um rascunho. Em última análise, o que ele está dizendo é que nada anda certo se não é quem usa a coroa que manda. Porque o rei naquele tempo ainda reinava, governava efetivamente. O Henrique VI herda a coroa com 10 meses de idade, durante a menoridade, e ele não tem a menor vocação para rei, ele é muito bonzinho, muito piedoso e é meio "lelé da cuca". De vez em quando, tem ausências de meses, como seu avô francês, que também era "lelé da cuca". A incompetência e a briga interna fazem a Inglaterra perder a França. A Inglaterra vive um conflito interno que acaba chegando na figura do rei. O poder passa entre o Henrique VI e o Eduardo IV, vai e volta.

Shakespeare observou como a incompetência de governo foi causando essas transformações. Essas três peças vão ser completadas por uma quarta, que se chama *Ricardo III*. Ele faz uma imagem de que o mau governo leva ao pior dos reis. Se você tem um mau governo, as coisas vão piorando, e cada vez pioram mais. Ricardo III, que é o pior dos reis, só é derrubado porque há uma revolta contra tudo que ele faz na Inglaterra, e vem a dinastia Tudor. Essas foram as primeiras peças, e têm vários gêneros. *Tito Andrônico* é precário em comparação às outras tragédias, mas é aí que ele vai fazer as tragédias, o caminho é esse. Um pouco adiante ele vai escrever *Romeu e Julieta*, uma tragédia lírica, e ele só escreve essa, nunca mais. Quando ele entra no período trágico, ele volta para *Tito Andrônico* como uma linha da tragédia que ele vai seguir. Tem a parada, em 1592. Em 1594, ele entra como sócio dessa nova companhia chamada The Lord Chamberlain's Men, porque o patrono da companhia, George Carey, lorde Hunsdon, que era primo da rainha, tinha o cargo de lorde Chamberlain. Aliás, é muito engraçado porque você data *Romeu e Julieta* por causa disso. O

192 MEMÓRIA – O PERCURSO DE SHAKESPEARE COMO AUTOR

pai, George Hunsdon, foi lorde Chamberlain até morrer. E houve alguns meses até o filho ser nomeado, o Henry. E na publicação diz assim: "*Romeu e Julieta* foi apresentado pelos homens do lorde Hunsdon", isto é, o filho já tinha herdado o título do pai, mas não o cargo. Sabe-se que *Romeu e Julieta* é daquele curto período em que o pai morreu e o filho ainda não tem o cargo. Nenhuma das peças tem data muito certa, não. Sabe-se que *Henrique V* é de 1599, porque fala do fracasso do ataque da Irlanda. Tem certas coisas que têm referências, alguém viu publicação etc., mas todo o mito de que Shakespeare não era Shakespeare e há mais de cinquenta candidatos a serem Shakespeare é maravilhoso. Tem uma teoria de que eram os jesuítas, em grupo. Outra, de que eram os rosa-cruzes em grupo. Outra, de que era a própria Elisabete. Enfim, é uma loucura, tem uma porção delas. Mas era ele mesmo. Tem um sujeito ótimo, Eric Partridge, que escreveu um livro e diz que o problema é que as pessoas querem que ele seja nobre, não se conformam de ser um ator da classe média e ser o maior poeta da Inglaterra. Então, inventam coisas, porque quem sabe ele era nobre?

O patrono vai ser lorde Chamberlain até a morte da rainha, quando James vai nomeá-los King's Men e vão passar a ter o patrocínio direto do rei, em 1603.

Ele passa a escrever o resto da vida para os atores da companhia. Todos sabem que Richard Burbage era o ator principal e foi o maior ator de seu tempo. Havia também um ator chamado John Slinkol, que era muito alto, muito magro e loiro, porque tem uma porção de papéis escritos para ele. A certa altura, eles tinham dois aprendizes muito bons: um alto, o outro baixo; um loiro, o outro moreno. Por isso, tem as duas moças de *Sonho de uma noite de verão*. Muita informação vem do próprio texto, ele escreve sempre para a mesma companhia que tinha um grupo fixo com atores contratados regularmente, e atores eventuais quando precisava de mais gente. Acho maravilhoso que, depois desse período de aprendizado, ele entra num período bastante lírico e escreve coisas como *Sonho de uma noite de verão* e *O mercador de Veneza*. Talvez *Os dois cavalheiros de Verona* já seja daí. Esse grupo vai ter como seu momento auge, máximo, *Romeu e Julieta*. É tudo extremamente lírico. Dominada essa fase lírica, Shakespeare sabe que pode escrever tudo, o que quiser. Nessa primeira fase, se concentrou, realmente, em relações interpessoais. Vêm as comédias, nas quais há uma porção de casamentos, como a própria peça *Romeu e Julieta*.

A comédia dos erros pode ter sido a primeira que ele escreveu. Durante toda a vida, irá se preocupar com aparência e realidade, com justiça e misericórdia, e com o bom e o mau governo. Isso é eterno. O bom governante é aquele que quer o bem da comunidade. O mau governante é o que quer o poder para si. E isso vai atravessar toda sua obra. *Ricardo III* é uma peça extremamente popular e, às vezes, é criticada pela formalidade do bem e do mal, uma confrontação muito radical. A peça abre com o monólogo famosíssimo do próprio Ricardo: "*Now is the winter of our discontent*" [E agora o inverno de nosso desgosto]. Shakespeare começa a peça com esse monólogo para que a plateia saiba que gênero de pessoa ele é. Para depois, quando ele se fizer de bonzinho, a plateia já saber que ele não é, que ele quer matar a todos e conseguir a coroa. Ele já passou por isso e está preocupado com o bom governo e o mau governo.

Mas ele entra na parte lírica e temos, mesmo em *Sonho de uma noite de verão*, a aparência e a realidade. E temos um aspecto muito importante, o amor entra pelos olhos, sempre. A Hérmia diz que queria que o pai visse Demétrio, o Lisandro com os olhos dela. Quando o Oberão manda pingar a flor nos olhos da Titânia, é para ela se apaixonar pela primeira coisa que ela vir. E, quando ele pinga trocado nos olhos dos rapazes, também eles olham e se apaixonam.

194 MEMÓRIA – O PERCURSO DE SHAKESPEARE COMO AUTOR

Mas começa com a apresentação do problema do casamento da Hérmia ao Teseu, que vai se casar com a Hipólita, e é muito interessante porque o provável é que essa peça tenha sido escrita para uma festa de casamento. Ela se passa na Grécia, mas é uma das peças mais inglesas que Shakespeare escreveu. A floresta para onde eles vão é a floresta de Arden, ali ao lado de Stratford, onde ele nasceu. As fadas não são fadas de chapéu comprido com fitas caindo, não. Semente de mostarda, Ervilha de cheiro, Teia de aranha, enfim, é tudo da mitologia, da agricultura que ele conheceu perto da casa dele. E o Puck, o Robert Goodfellow, era o Saci de Stratford-upon-Avon. Ele usou tudo na Grécia. Inclusive o hábito inglês dos grandes casamentos, que eram realizados na sede do Lorde, portanto, no campo, não em Londres. E tinha o casamento de manhã, depois uma ceia e um almoço; até hoje eles falam no *wedding breakfast*. E depois havia uma série de entretenimentos à tarde, até a hora de deitar. Eles deitavam muito mais cedo que nós porque não havia luz. A peça é escrita para um casamento e mostra vários níveis de relacionamento amoroso. Temos a Hipólita e o Teseu, que primeiro se guerrearam um ao outro e agora se apaixonaram e vão se casar. Temos os dois pares de namorados, que ainda não se resolveram. Shakespeare mostra o quanto o amor é caprichoso, até que se possa, realmente, definir pelo seu par. E que muita liberdade no relacionamento também não dá certo, como nas brigas de Oberão e Titânia, mostra isso e a paixão dela pelo Bottom. Depois ainda tem a representação dos artesãos, que apresentam o Romeuzinho e Julieta, primitivo, com o Píramo e Tisbe. Mas estou falando de tudo isso porque, no final, quando eles vão apresentar a peça, os dois rapazes jovens começam a se divertir, a querer debochar dos artesãos com sua peça. E Teseu, para Shakespeare mostrar que ele sabia o que era um governante nos moldes Tudor, diz: "eles estão fazendo o melhor que eles podem, vocês têm de respeitar. Isso que eles estão fazendo, eles fizeram um esforço para vir aqui e apresentar isso, então isso tem que ser respeitado". Que é parte da visão Tudor de bom governo, que era: o sujeito tem muitos privilégios se é importante, mas ao preço de grandes responsabilidades. Todos os governantes de Shakespeare vão ter essa característica, e desde *A comédia dos erros*, quando o duque diz: "Eu não posso ir contra a lei, você chegou aqui, você deve ser condenado, mas, se você conseguir quem pague a multa, então você está solto".

Aqui aparecem a misericórdia e a justiça, e com os gêmeos que são confundidos, ele faz o tratamento mais óbvio de aparência e realidade. Mas a questão do bom governo, o sujeito ser responsabilizado, já existe desde *A comédia dos erros* e tem muito no Ricardo.

É muito interessante como, até o início do século XX, todos elogiavam as comédias, tidas como lindas e leves como uma pluma, mas parecia que Shakespeare tinha apertado o botão e escrevia umas coisas bonitinhas sem querer dizer nada. Na realidade, se você examinar as comédias, todas contêm exatamente os mesmos princípios, as mesmas convicções que Shakespeare mostra em todas as suas peças. A organização social é algo onde não há *happy ending* se não houver um bom governo. Por outro lado, pode-se ter um *happy ending* moral, como em *Romeu e Julieta*, que não é só uma história de amor, é principalmente um sermão contra os males da guerra civil, no qual a paz é conseguida ao preço da vida deles. No entanto, há um príncipe que é contra aquela luta e a condena desde o início. Como há um governante que quer o bem da comunidade, ele diz que aquela luta entre os Capuletos e Montéquios é horrível, abala e faz mal a toda a cidade.

Shakespeare faz algo maravilhoso, ninguém, em momento algum, menciona qual a razão do ódio. Ninguém sabe. Aquilo vem de longe, ninguém mais sabe o porquê. Mas, infelizmente, toda geração tem um Teobaldo, que não deixa acabar, alguém que mantém aquilo vivo. Shakespeare mostra como a paz é comprada com

196 MEMÓRIA – O PERCURSO DE SHAKESPEARE COMO AUTOR

a morte deles. É importante que começa com a briga de dois empregados, vem o príncipe, manda todo mundo para casa, se brigarem de novo vão ser mortos, e encerra esse episódio com a paz. A primeira e a última cena falam da situação do conflito. Estou falando nisso porque gostaria de levantar a questão: o que é originalidade? Shakespeare copiou em *Romeu e Julieta*, praticamente do princípio ao fim, a história que estava num poema chamado *Romeus and Juliet*, de Arthur Brooke, que são três mil e poucos versos chatíssimos, mas que contam exatamente aquela história. Porém ele era um protestante convicto e um moralista. O centro do poema, a razão da morte dos amantes, é a Julieta ter desobedecido à mãe. Essa é a razão. E, por outro lado, o fato de ela dar ouvidos à ama em vez de ouvir a mãe, e ao frei Lourenço, que é uma figura tão simpática em *Romeu e Julieta*. Mas, em Arthur Brooke, sendo católico, sendo um frei, é um terror de corruptor, porque, para os protestantes, a confissão auricular era o caminho para a prostituição. É o que ele diz. E escreve um soneto, no qual diz no início do poema, que morreram porque ela desobedeceu à mãe.

Em Shakespeare, o raro é ter um soneto que abre *Romeu e Julieta*. Tenho a impressão de que ele escreveu esse soneto para dizer: "olha, pessoal, o que vocês vão ver não é nada daquilo, não, viu?" Era a mesma história, porém completamente diferente, porque eles são vítimas do ódio. E o que ele conta no soneto inicial é sobre um par de amantes que morrem por causa do ódio das famílias. A paz é comprada ao custo da morte deles. Não só isso, mas, no poema original, eles ficam casados por seis meses, ele em Mântua, ela em Verona. Ora, em seis meses alguém explica alguma coisa a alguém. Em Shakespeare, começa no domingo, acaba na quinta-feira de madrugada. Não há tempo de esclarecer coisa nenhuma. Se algum erro eles têm, é o da precipitação. Mas o amor entrou pelos olhos, eles se viram e se apaixonaram naquele momento. E é curioso como Julieta é mais madura que Romeu. Quando ele chega, ela diz: "Mas é para casar? Porque se for para casar, eu quero uma resposta amanhã, se não é para casar, não volte mais". Para ela a coisa já é assim.

Gostaria de chamar a atenção de vocês para o fato de John Burbage ter construído o *theater* em 1576. Nele havia um palco exterior, um interior e um superior. Isso já existia há vinte anos, mas só Shakespeare se lembrou de fazer uma cena de amor na qual ela fica lá em cima e ele fica cá embaixo. Só no cinema é que ele sobe, na história ele não sobe. A beleza da cena é que ele fica aqui embaixo e ela fica lá em cima – é a linguagem que mostra a intensidade desse amor. Entre outras razões, porque amor físico em Shakespeare praticamente não aparece, uma vez que ele não tinha atrizes, só atores. Por isso, Julieta tem 14 anos. Todas as mocinhas das tragédias são muito jovens. Eram os aprendizes, antes de mudar a voz, que representavam as jovens. Ninguém tem mãe, só Julieta. Podemos procurar nas peças todas, ninguém tem mãe. É o que eu digo, Shakespeare escreveu tudo, o que ele não pode escrever é a *Femme de trente ans*, balzaquiana não pode. Ou é muito jovem ou é um papel de composição, como Lady Macbeth; um papel muito forte, Volumnia etc.; ou é um papel característico cômico, como a ama de Julieta, porque, realmente, eles não tinham atrizes e esse era o problema.

Por volta de 1594-1595, uma peça de Christopher Marlowe que tinha sido escrita entre 1586 e 1587, chamada *O judeu de Malta*, foi remontada e fez um sucesso extraordinário. Ele mandava, por exemplo, uma travessa de arroz e matava duzentos monges envenenados de uma vez só; era uma coisa hedionda, em matéria de antissemitismo. Em 1594, houve uma crise forte de antissemitismo na Inglaterra, porque o médico pessoal da rainha era um judeu português, Rodrigo Lopes, e surgiu uma acusação falsa, se sabe hoje, de que ele tinha sido parte do complô para envená-la. Ele

198 MEMÓRIA – O PERCURSO DE SHAKESPEARE COMO AUTOR

foi morto. Shakespeare escreve, então, *O mercador de Veneza*. Se compararmos o Shylock com o Barrabás, veremos que o antissemitismo de Shakespeare não é nada, ele é parte de uma sociedade que tem um antissemitismo endêmico, mas ele dá a Shylock o direito de dizer a fala maravilhosa: "se vocês nos fazem rir, nós rimos, se vocês nos fazem chorar..." Isto é, ele tem não só essa grande defesa. Para mim, a coisa mais bonita que ele tem é quando ele sabe que sua filha Jéssica, que todos acharam muito engraçadinho, roubou o pai para fugir com o cristão. Eu queria saber se iam achar engraçadinho se uma cristã roubasse para ir embora com um judeu. Aí quero ver se a atitude seria a mesma. Mas, de qualquer maneira, ele sabe que a filha trocou um anel de turquesa por um macaco. Ele tem esta fala linda: "esse anel, a Leah [que era mulher dele], me deu antes de nos casarmos, eu não o trocaria nem por uma floresta inteira de macacos". Ele dá a Shylock realmente uma humanidade que o Barrabás não tem, não deixa os cristãos saírem impunes. Eles são também acusados de suas injustiças. Shakespeare criou esta personagem maravilhosa que é o Shylock, e o impressionante é que ele só aparece em cinco cenas. Mas é uma figura tão forte que todos se lembram dele.

Por outro lado, ele tem essa capacidade de juntar duas tramas, porque a comédia romana é sempre um erro, um descaminho social a ser corrigido pelo riso. A comédia romântica de Shakespeare não é nada disso, e é por isso que ela não é imitada, é muito mais difícil. De modo geral, o que se tem é um par de namorados, ou dois ou três, mas um é o par principal, com uma série de obstáculos para chegar a realizar o seu amor. Isso varia em *Sonho de uma noite de verão*, é a má vontade do pai.

Agora, em *O mercador de Veneza*, há, de um lado, a Portia com um obstáculo: o pai determinou que ela só se casaria com quem acertasse a arca correta. Portanto, ela não pode escolher com quem casar. Por outro lado, o Bassanio não tem dinheiro, pede ao Antônio, que pede ao Shylock. Essas duas tramas vão caminhando juntas, uma em Belmonte, outra no Rialto, até que no final vem o julgamento, e, para voltar o tom da comédia romântica, tem uma noite, da Jessica e do Lorenzo, que é maravilhosa. Há todo um comportamento social que é implícito na ação, é no Rialto. O Shylock também não disse que emprestava sem juros, de bonzinho, não. O que ele queria era melhorar a imagem dele em Rialto. Agora, o Antônio também não presta, o Antônio xinga todo mundo, e no fim é engraçado porque todos se casam e ele fica sozinho. Aliás, eu acho que ele era um homossexual enrustido. Ele sublimava, com aqueles rapazes todos que tinha em volta dele, que o tratavam muito bem porque ele tinha dinheiro.

A poesia lírica da peça é deslumbrante, e eu me refiro à fala principal de Shylock, porque a prosa, que a princípio era usada só para distinguir classes sociais e mostrar o menos informado, o menos educado, de repente já é usada para algo tão importante quanto aquela fala de Shylock.

Shakespeare está evoluindo na sua manipulação da forma dramática e da linguagem. Quando ele acaba essa parte, principalmente de relacionamentos interpessoais, parte para a segunda série de peças históricas. Ele passa a jogar com o relacionamento do homem com o Estado, abrindo mais para o lado político. E tem uma série tremenda, como *Rei João*, que é solta, não é ligada às outras; e *Ricardo II*, que vem logo depois – são as duas únicas peças de Shakespeare que não têm uma única linha de prosa, *Rei João* e *Ricardo II*. *Rei João* é uma peça muito interessante, porque Shakespeare se preocupa muito com a natureza do monarca, o "João sem terra" foi um péssimo rei. No entanto, ele entra numa situação que não tem solução, que é a aceitação de uma peça que ele copiou, de uma figura que nunca existiu. Richard Faulconbridge,

200 MEMÓRIA – O PERCURSO DE SHAKESPEARE COMO AUTOR

supostamente um filho bastardo de Ricardo Coração de Leão, é a grande figura de todas as qualidades de um governante, mas não pode ir para o trono, é uma pessoa que não existiu. Por outro lado, há certas dúvidas históricas sobre a morte do rei João, então só dizem que ele foi envenenado. Mas é uma peça que trata profundamente da questão de responsabilidade no governo, do que é certo, do que é errado, o contraste entre a responsabilidade e a irresponsabilidade. É muito interessante.

Depois, vem a segunda tetralogia. *Ricardo II*, extremamente lírica; primeira e segunda parte de *Henrique IV*; e *Henrique V*. A primeira tetralogia, três *Henrique VI* e *Ricardo III*, falava da luta pelo poder. Já essa segunda tetralogia, *Ricardo II*, dois *Henrique IV* e *Henrique V*, entra muito mais pela relação do poderoso com o poder, da responsabilidade e como cada um enfrenta a sua posição de rei.

Shakespeare não escreve gratuitamente, escreve por algo que o inquieta. O que propõe em *Ricardo II* é o seguinte: o que é melhor, um mau rei legítimo ou um bom rei usurpador? E, com isso, vem todo um problema de bom governo ou mau governo, aparecem os temas de realidade, justiça e misericórdia, está tudo colocado ali.

Ricardo II herdou a coroa com nove anos, acho que esse é um problema dele e de outros reis, como Henrique VI, que herdou a coroa com dez meses, e Mary Stuart com nove dias. São crianças que nascem para o poder e conhecem os privilégios muito antes de conhecerem os deveres.

Há uma diferença entre Elisabete e Mary Stuart: Elisabete, para manter a cabeça ligada aos ombros até crescer, precisou de muita habilidade; já Mary, não. Com dois anos, a mãe engradou e a mandou para a França para casar. Ela nunca governou, cresceu com muito privilégio na corte francesa, casou com o rei e não teve filhos. O rei morreu, ela ficou apenas uma rainha desocupada, nem sequer rainha-mãe. Quando ficou viúva do rei, pensou em voltar para a Escócia. Falava um pouco de francês e um pouco de gaélico (a língua da Escócia), não falava inglês. Ela é o maior exemplo de uma rainha que conheceu os privilégios muito antes dos direitos.

De todos os reis que Shakespeare apresenta, Ricardo II é o único que acredita realmente no direito divino dos reis, uma teoria que teve grande popularidade. Para ele, os privilégios são fundamentais: além de ter que agradar os amigos, tem que dar a eles tudo o que quiser dar. Ricardo II não é um bom governante e, a partir de certo momento, não é sequer popular.

A peça começa apresentando o que ele faz bem: parecer rei. A história verdadeira é que, com 14 anos, Ricardo II acabou com o levante de Wat Tyler, porque sua aparência era tão real que aquele menino apareceu e todo mundo silenciou. Mas só a aparência real não basta, não é suficiente para seguir a vida. Um rei tem de fazer alguma coisa a mais do que ter uma aparência real.

Primeira cena: Ricardo está em seu trono, presidindo um debate e acusações mútuas entre o seu primo Henry Bolingbroke, conde de Hereford, e Thomas Mowbray, conde de Norfolk. Norfolk diz que Bolingbroke é traidor, e Bolingbroke diz que Norfolk roubou, desviou verbas e, pior de tudo, matou o tio-avô do rei, o então duque de Gloucester I. As acusações são todas feitas nas fórmulas medievais: todos, tudo e ele são maravilhosos. No fim, ele decide que os conflitos vão ser resolvidos em um combate singular.

Ricardo herdou o trono do avô, porque o pai dele morreu, príncipe de Gales. Todos os outros membros da família real são da geração do pai dele. Na segunda cena, João de Gante, tio-avô do rei, pai de Bolingbroke, conversa com a viúva de Gloucester: "Você não faz nada pelo seu irmão". E ela diz: "Nós não podemos fazer nada". Enfim, o que todo mundo sabe é que quem tentou matar

202 MEMÓRIA – O PERCURSO DE SHAKESPEARE COMO AUTOR

o tio foi o rei, e ele julgava aquilo com aquela cara limpa. Foi por ordem dele que o Gloucester foi assassinado.

Na cena seguinte, Ricardo II de novo preside o combate que ele não deixa acontecer. Em seguida, vêm os exílios de Bolingbroke e Norfolk. Norfolk, coitado, obedeceu ao rei: dez anos, tempo que depois foi reduzido para seis anos, em respeito a João de Gante, pai dele. Nessa cena, o rei faz uma coisa que é um precedente contra ele mesmo: morre João de Gante, depois de dizer uma das frases mais famosas de toda dramaturgia shakespeariana: "*This royal throne of kings, this sceptred isle, This earth of majesty, this seat of Mars, this other Eden, demi-paradise*"[3] [Este trono de reis, ilha coroada, Trono de Marte, terra majestosa, este outro Éden, quase um paraíso]. Enfim, sobre a Inglaterra, maravilhosa. Ele (Gante) vai dizer tudo isso para o rei, e outro responde: "Não adianta, porque ele não vai ouvir". Então, Gante diz isso tudo para o irmão. E o rei, realmente, não quer ouvir conselho de ninguém.

Gante morre e o rei sequestra os bens dele, os castelos, as propriedades, as terras do primo que está exilado. O tio York se vira para ele e diz: "Você só é rei por sucessão, e está abalando a razão pela qual você é rei". Resultado: toda a nobreza fica apavorada e contra ele, porque, se ele faz isso com o duque mais poderoso da Inglaterra, o que não pode fazer com os outros?

Todos ficam contra ele. Resolvem chamar de volta Bolingbroke, que vem oficialmente para protestar contra a tomada dos bens dele e para retomar o título de duque de Lancaster. As coisas vão sendo levadas de tal modo que, de repente, o rei está preso por ele. No quarto ato, Ricardo II oficialmente abdica em favor do primo, uma abdicação ligeiramente forçada.

---

3 Shakespeare, W. (2009). *Ricardo II* (Ato II, Cena I, p. 48, Barbara Heliodora, Trad.). Rio de Janeiro: Lacerda.

Elisabete tinha tamanho horror a essa ideia que foram feitas três edições da peça enquanto ela estava viva. Nenhuma tem a cena da deposição, porque tudo tinha que passar pela censura, e a censura barrava certas cenas. Mas uma das grandes habilidades de Shakespeare era escolher o rei por intermédio do qual ele podia dizer o que queria. Se alguém reclamasse, ele dizia: "Mas ele foi deposto pelo primo, eu só estou contando a história da Inglaterra". Com esse argumento, Shakespeare jogava tudo o que ele queria dizer a respeito.

Na sequência, vêm os dois *Henriques IV*. É muito interessante porque Henrique IV, que depôs o primo, era um irresponsável e tinha um filho, herdeiro dele, que era o maior baderneiro da Inglaterra, o príncipe Hal. Ele cria amizade com o Falstaff, que não só é um gordão velho, como também o baderneiro mor. Na realidade, é bem pior que apenas um baderneiro: ele rouba e é desonesto.

Podemos descrever um pouco essas duas peças. A primeira com a educação militar do Hal, porque o rei fica desesperado e diz: "Pode deixar que eu vou provar que sei das coisas". Shakespeare é diabólico, ele nunca vai contra a realidade histórica, mas manipula o que quer. Houve um levante dos Percys, o conde de Northumberland contra o rei.

Queriam mandar no rei e diziam: "Nós é que demos o trono a você". Bolingbroke vai deixar alguém mandar nele? Ele não fez nada, foi levado pelas circunstâncias, ele tem direito ao trono, era primo do rei.

Então, Shakespeare pega o filho do Northumberland, Henry Percy, e o faz da idade do príncipe Hal. Na realidade, ele era dois anos mais novo que o pai, Henrique IV, mas Shakespeare faz dele um jovem, uma figura que defende os valores medievais de glória pessoal, enquanto Hal já tem uma visão política mais amadurecida de bem-estar da comunidade.

204 MEMÓRIA – O PERCURSO DE SHAKESPEARE COMO AUTOR

Hal diz que faz aquela farra toda, frequenta taverna e faz aquilo tudo para conhecer melhor o país que ele vai governar. Ele acha que não aprende o suficiente vivendo só na corte, ele precisa saber como é o país, por isso conhece todo o submundo londrino.

O grande herói, o Falstaff, que não quer morrer na batalha, está se fingindo de morto ali pertinho, e diz assim: "Esse negócio de heroísmo, glória, não é para mim. Glória e heroísmo dizem respeito aos mortos, eu quero ficar vivo". Então, deita no chão e finge que está morto para não correr o perigo de morrer, e Hal mata o outro e não faz questão de dizer a ninguém que foi ele quem matou, não se gaba disso.

É claro que Falstaff, ao acabar a batalha, levanta, pega Hotspur e vai dizer a todo mundo que foi ele quem o matou. Ninguém acredita, é claro. Mas Shakespeare o coloca matando o outro, que ninguém sabe quem matou.

A segunda parte é mais educação jurídica e mostra problemas de respeito à lei. Na cena final, Hal tem um novo encontro com o pai, muito interessante. Ele é chamado porque o pai está morrendo. Ele olha o pai e pensa que este está morto. Então, pega a coroa e vai para o quarto ao lado, onde ocorre uma cena maravilhosa: ele conta que viu a coroa com um inimigo que tinha matado o pai e que, agora, teria que enfrentar esse inimigo. Na verdade, o pai não tinha morrido, o pai pensa que ele roubou, e há uma bonita conciliação entre os dois.

No final da coroação acontecem duas coisas: Falstaff se aproxima de Hal, que o rejeita: "*I know thee not, old man: fall to thy prayer*"[4] [Não conheço, velho. Vá rezar]. É um repúdio a Falstaff,

---

4 Shakespeare, W. (2000). *Henrique IV* (Peça II, Ato V, Cena V, p. 174, Barbara Heliodora, Trad.). Rio de Janeiro: Lacerda.

então todos acham que Hal é um chato, porque repudiou Falstaff, que era tão bacana. O que se pensaria de um rei que guardasse junto a si um Falstaff, que é ladrão e vigarista?

Em outro momento, Hal encontra o Lorde Chefe de Justiça e, por causa de um episódio passado, diz: "o senhor está com medo de me encontrar?" E Lorde Chefe de Justiça tem uma fala maravilhosa: "Quando eu agi, eu agi em nome de seu pai, eu estava representando a força da lei". Ao que Hal responde: "Espero que você fique no cargo e continue a defender a lei".

O que quero mostrar é que ele chega ao melhor dos reis. Quer dizer, o outro tirou o governo de um mau rei e fez um bom governo. E é muito interessante porque as várias ações de Henrique V, ao longo da peça, são exatamente todos os atributos que Erasmus de Rotterdam e mais outro autor que também escrevia em latim dão como características de um bom príncipe.

É uma peça que não tem muita ação, a não ser a batalha de Azincourt, ou Agincourt, em inglês. Há duas versões de *Henrique V* em DVD: uma do Laurence Olivier, de 1944, em que os ingleses estavam levando bomba na cabeça todos os dias e precisavam de um estímulo para continuar lutando. Na realidade, os ingleses ganharam de uma tropa francesa sete vezes maior do que a deles. Os franceses perderam cinco mil soldados e não sei quantos nobres, e os ingleses perderam ao todo cem, uma coisa assim, foi incrível.

Cinquenta anos depois, está todo mundo com horror à guerra, e Kenneth Branagh fez um novo *Henrique V*. Nessa edição, fica claro o horror que é a guerra. Agora, o que é maravilhoso é que você lê o texto escrito por Shakespeare, mas depende do diretor, o que ele corta e o que ele enfatiza. É o diretor que resolve, porque Shakespeare já tinha dito tudo na peça contra a guerra e sobre o patriotismo. De nenhuma peça existe uma única interpretação, tudo que ele escreve é tão rico que não dá para ninguém dizer "é

206   MEMÓRIA – O PERCURSO DE SHAKESPEARE COMO AUTOR

assim". Não dá. Várias são as interpretações. A riqueza do texto é tal que não dá para aproveitar tudo de uma só vez.

Vi no palco a versão que Trevor Nunn fez de Antônio (personagem de *O mercador de Veneza*) em seu filme e achei que ele criou um Antônio ostensivamente homossexual. A meu ver, um engano. Há, sim, em Antônio (de Shakespeare) uma homossexualidade sublimada por aquele círculo de rapazes, porque ele tem muito mais dinheiro que todos os outros. Então, ele os convida para jantar, e isso já é o bastante para sublimar. É errado fazer Antônio ostensivamente homossexual, não o vejo assim. A carta dele é apelativa. "Vem, se você não quiser vir...", mas não está em cena. Shakespeare tinha uma noção do que se podia colocar em cena e do que não se podia ou não se devia.

Em *Hamlet*, Ofélia entra e diz para Polonius: "O Lorde Hamlet entrou no meu quarto, ele estava tão desfalecente, as meias estavam caídas..." Se pegarmos o manual do amante repudiado, no período elisabetano, podemos observar que Shakespeare obedece a todas as normas, mas não mostra. O filme de Olivier mostra, e o divino filme russo também. Já o Hamlet de Kenneth Branagh não mostra. Shakespeare sabe que aquilo descrito é lindo, mas visto é ridículo. Assim como ele não mostra Hamlet trocando, safadamente, as cartas para o rei da Inglaterra que vai mandar matar Rosencrantz e Guildenstern. Shakespeare conta (foi uma necessidade, ele fez), mas ele não mostra o Hamlet fazendo.

Se volto à carta de Antônio (*O mercador de Veneza*), observo que nela ele abusa um pouco, mas é só na carta, ele pessoalmente, presente, não. Shakespeare também exagera quando diz: "é lógico que morro eu, o mais velho". Nessa frase, também há um apelo. Antônio era muito preconceituoso, muito antissemita, ele agredia Shylock, no Rialto, constantemente. Se vocês lerem *O judeu de Malta*, vão ver o que é o antissemitismo: um horror. Tanto que hoje em dia esse texto só é montado como humor negro, ninguém mais leva como tragédia, não dá, mas como humor negro, sim.

Na peça *A megera domada*, não há mãe. Shakespeare não tinha mulheres para fazer o papel de mãe, então quase nenhum personagem tem mãe. Havia uma limitação técnica. Ele não gostava de fazer nada fora de cena. Hamlet é um dos poucos que tem mãe. Shakespeare era muito objetivo: não tem ator para fazer mulher, não tem mãe. Acho que ele não ficava se contorcendo por dentro, dizendo: "meu Deus, como era a mãe dela..." Acho que o pensamento dele era: "não tem ator, não faz". Como eu digo, é uma missa por semana. Ele era muito apegado ao seu ofício. Não quero dizer com isso que ele não pensasse "que chato, seria bacana colocar a mãe".

Em *Romeu e Julieta*, a mãe de Julieta é importante. Ela aparece no princípio e desaparece. Tem um detalhe maravilhoso, muito bem feito: na primeira cena, em que Julieta aparece com a mãe, a mãe diz "vai ter uma festa e você vai ser apresentada ao Paris, será que você vai amá-lo?", e Julieta, que tem 14 anos, nunca amou e não tem a menor ideia do que seja amar, diz *"It is an honour that I dream not of"*[5] [É honra com que nunca ousei sonhar]. A mãe retoma: "Mas você acha que pode amá-lo?". E ela, sendo tão ignorante do que possa ser um amor, diz: "Eu amarei à medida que a senhora aprovar. Mamãe, pode deixar eu amar até aqui". Julieta acha que isso é possível porque ela não sabe como é. Botou os olhos em Romeu, e não é que ela queira desobedecer a mãe, mas nada mais importava, importava uma verdade, a verdade daquele amor, aquele é que determina tudo. E ela diz: "Eu vou desobedecer a minha mãe", e ela não pensa mais em nada a não ser em se casar com Romeu.

---

5 Shakespeare, W. (2006). *Romeu e Julieta* (Ato I, Cena III, p. 149, Barbara Heliodora, Trad.). Rio de Janeiro: Nova Aguilar.

208 MEMÓRIA – O PERCURSO DE SHAKESPEARE COMO AUTOR

Shakespeare coloca a mãe em cena para dizer: "Será que você vai amá-lo?", e ela volta no final, e Julieta diz: "Mãe, diz a meu pai que eu não quero casar". E a mãe, que morre de medo do pai, não diz coisa nenhuma, mas os pais querem que ela se case com Paris. Na realidade, acho fundamental aquela primeira cena: "É uma honra com a qual eu não tinha pensado, eu amarei no limite que você determinar". Quem é que ama no limite que a mãe determina? Quando ela realmente vê Romeu, acabou, não tem mais nada.

Alguns dizem que *Romeu e Julieta* era uma obra que já existia e que Shakespeare deu a ela um enquadramento e um recorte novos. Eu tomo, para deixar claro meu pensamento, uma expressão de Molière: "Eu tomo o que eu quiser de onde eu quiser". Molière praticamente não escrevia nenhum enredo original, ele tirava da comédia o que lhe convinha. O que interessa é o que ele dizia com seu texto.

A mudança de Shakespeare para Londres foi muito importante para o seu amadurecimento como escritor. Ele saiu de Stratford, uma cidade pequena, com atividades cultural e social limitadas, e foi para Londres, centro político e social do país. Teve dez anos de aprendizado até entrar nas tragédias, com exceção de *Tito Andrônico*, escrito no princípio de sua vida de autor. É perceptível o quanto ele amadurece como pessoa, quando passa primeiro das peças de relações interpessoais, para depois o homem e o Estado, e finalmente para entrar nas tragédias, que são o homem e os valores últimos.

Uma coisa interessante é que a censura elisabetana foi muito forte do ponto de vista político. O Século de Ouro Espanhol produziu uma fartura de comédias e peças religiosas, mas não produziu tragédias, porque não se podia investigar nada a não ser a visão católica. Não era possível fazer um herói católico, porque, se esse herói fizesse uma coisa qualquer, um ato de terrorismo e morresse, ele ia para o céu. Não há nas comédias e nas peças religiosas um aspecto fundamental da tragédia, que é o desperdício trágico: o desperdício de morrer um Hamlet para tirar um Cláudio de um trono. A perda dos grandes é muito interessante. Todos os herdeiros do poder nas tragédias são pessoas positivas, mas nenhuma tem a grandiosidade, a dimensão do herói trágico, e, porque tem essa dimensão, quando cai, se arrebenta. Na realidade, nas tragédias, existe o protagonista trágico, sempre em confrontação com o mal, e como ele lida com o mal. Em *Hamlet*, que é a primeira, o mal está fora do protagonista. Na segunda, *Otelo*, o mal ainda está fora, em Iago. Depois vem *Macbeth*, na qual o mal está dentro do protagonista, e o problema é a cisão entre o Macbeth do bem e o Macbeth do mal. A razão de Shakespeare fazer o Macbeth tão elogiado no princípio é o fato de que ele tem que ser uma pessoa extraordinária até certo ponto, mas, de repente, tem o resto de sua personalidade dominada pela ambição. Acho que dizer que foi Lady Macbeth que o mandou matar é perder o valor do herói trágico, porque ele tem que fazer o que ele quer, ele tem essa ambição.

O problema de Otelo, que Shakespeare quis mostrar, é o que acontece num casamento entre duas culturas completamente diferentes. Eu acho que o fato de ele ser aparentemente negro indica que eles não sabiam o que era um mouro. O mouro era algo de que se ouvia falar, mas não se sabia como era. Sabia-se que no norte da África havia pessoas de pele escura, mas não se sabia que eles não eram negros. Shakespeare, então, junta duas pessoas (Otelo e Desdêmona) que se olharam, se apaixonaram, se desconhecem e se casam, sem conhecer um ao outro. O final da fala dele é maravilhosa: ela o amou "pelos perigos que eu passei e eu a amei porque ela sentiu piedade". Realmente é isso.

A vida do Otelo até conhecer Desdêmona era só guerra. Costumo compará-lo a um colecionador de porcelana. Ele idealiza

Desdêmona até um ponto insuportável. Quando o Iago a acusa, Otelo se vê na mesma posição do colecionador de porcelana quando sua peça mais preciosa apresenta "um fio de cabelo", uma pequena rachadura: a peça não vale mais nada, Desdêmona perde o valor.

O problema de Otelo é que ele vem de uma cultura muito mais primitiva, com valores diferentes dos de Veneza, valores muito mais absolutos, muito mais radicais. O bom é bom, o mau é mau: eu mato, eu vingo. Não adianta dizer que Otelo é o idiota que acreditou em Iago, todo mundo acredita em Iago, ele é conhecido como "honesto Iago". Se encontrarmos um vigarista, com cara de vigarista, que consiga vigarizar, deixamos de poder apreciar Otelo. A verdade é esta: vigarista tem que ter um aspecto seríssimo, ele tem que convencer, e o Iago é "honesto Iago". Agora, quando "honesto Iago" diz que Desdêmona é infiel, não ocorre a um homem de valores tão absolutos como Otelo que ele possa mentir a respeito de uma coisa tão séria – esse é o problema. O que é terrível é que tudo isso acontece só porque Iago queria o emprego de Cássio.

As maiores qualidades de Otelo são perceptíveis no momento em que ele escolhe o Cássio, e não o Iago, porque Iago é um sargentão; na hora da briga, ele é ótimo, mas, para substituí-lo no comando, não dá. Sou velha o suficiente para me lembrar de que há cinquenta anos, quando foi criada a profissão de arquiteto, os mestres de obras portugueses diziam: "São uns rapazes que leram uns livros, não sabem nada". Então, o sargentão que é Iago diz que Cássio nunca comandou um batalhão, nunca estudou. O que é isso? Não é nada. A revolta dele (Iago) é não ter sido escolhido. No entanto, Otelo sabe muito bem que não pode escolher um Iago para comandar, sabe muito bem quanto vale um Iago na hora da batalha, mas ele também sabe que esse valor muda na hora de planejar um ataque e comandar uma tropa.

A peça se passa em 48 horas. Há um filme de Antonioni, chamado *A aventura*, que tinha algo semelhante ao que acontece em *Otelo*: a mudança de emoção confunde a noção de tempo. Em *A aventura*, o sujeito morre e ela [a jovem] de repente já gosta de outro. Parece que aquele assassinato não foi ontem, foi há meses, porque há um desligamento. Em *Otelo*, uma vez que está convencido de que Desdêmona saiu com Cássio, Otelo não tem memória de tempo, e mecanicamente não há tempo para aquela infidelidade. Mas essa constatação não resolve seu conflito, porque seu problema foi ter acreditado, e não era possível que não acreditasse no que "honesto Iago" tinha dito.

A questão das 48 horas tem outro aspecto: Iago é uma figura que aparece muito em comédia. Ele manipula todo mundo, ele conta uma história diferente para cada pessoa. Se um deles checar com o outro o que ele disse, desabará tudo.

Então, tudo tem que acontecer logo, antes que haja tempo para verificar que tudo era falso. Em 48 horas, a peça acaba.

Quando disse que os valores de Otelo eram diferentes, referia-me ao fato de que ele estava em Chipre com poderes plenos. Iago fez aquela armação contra Cássio, Cássio se embebedou e fez aquela briga, o erro de Otelo foi não perguntar por que, nem como ele tinha bebido. Otelo foi implacável: Cássio não podia estar bêbado na hora de comandar a tropa da guarda, então só resta despedi-lo. Otelo age ao mesmo tempo como um juiz e um executor. Desdêmona é acusada, ele também é implacável com Desdêmona: se ela é uma mulher que traiu o marido, tem que ser punida radicalmente. De imediato, ele a mata. Quando descobre que errou, ele é tão implacável consigo mesmo quanto foi com os outros. Os valores dele permanecem intactos. A minha visão é que ele não se suicida, ele se executa. Quando vê o que fez, age consigo mesmo com

212 MEMÓRIA – O PERCURSO DE SHAKESPEARE COMO AUTOR

a mesma justiça implacável com que agiu contra os outros: se fez aquilo, não merece mais viver.

É bonito como Shakespeare apresenta esses valores. Nenhum de seus protagonistas é mostrado tão imponente e nobre como em *Otelo*. A peça começa com o Brabantio, pai de Desdêmona, no palco superior, e Iago embaixo com Rodrigo. Iago sempre fica embaixo, ele xinga, mas não pode ser visto. Em seguida, sai, deixa Rodrigo sozinho para acabar a denúncia e vai correndo procurar Otelo para dizer que é melhor ele fugir – o que ele quer mesmo é comprometê-lo por meio do olhar. Iago entra e diz: "é melhor você fugir".

Otelo responde: "Por quê? A minha vida comprova que eu ajo bem". Na presença de Brabantio, ele diz: "Abaixem suas lâminas antes que o orvalho as enferruje" – é lindo! No senado, ele diz: "Eu não sei falar bonito". Em seguida, tem uma fala especialmente bonita em que ele conta como encontrou Desdêmona. O problema do Otelo é este: ele é de uma outra cultura. Se os dois tivessem tido tempo de se conhecer, tudo poderia ter sido diferente. A confiança vem com o conhecimento, mas ele não a conhece. Ele viu Desdêmona, ela o viu, apaixonaram-se, casaram-se, mas não se conhecem.

Na peça *O rei Lear*, há personagens femininos: suas três filhas. Duas são pestes e a outra é muito jovem. Shakespeare manipula tudo para ficar exatamente como ele queria mostrar. No primeiro ato, o problema não é o Lear dividir o reino em três, isso já estava combinado. Carlos Magno fez isso, todo mundo sabe. Naquele tempo, o reino era propriedade do rei e este fazia com o reino o que quisesse. O erro dele não foi repartir o reino, foi deserdar Cordélia, isso é que não estava previsto. Quando ele faz o concurso, "eu vou dizer quem gosta mais de papai" não é quem mais gosta de papai, é quem eu (Lear) vou dizer que mais gosta de papai. É preciso lembrar algumas coisas: ele tem 80 anos e era rei há sessenta; a diferença de idade entre ele e as filhas é imensa, é uma coisa inexplicável também, porque não tem a mulher – esse fato é inesperado. Cordélia, em momento algum, diz a ele que não ama o pai: "Eu amo o quanto eu devo amar". E, no final, no último ato, Lear reconhece que o amor dela é que era o amor verdadeiro, na medida certa.

Cordélia é inflexível, tanto quanto o pai. Mas ela está tão enojada com a fala das irmãs, que diz: "O que eu vou fazer? Ficar calada". Cordélia fica revoltada com o fato de o pai não perceber que as filhas estão mentindo. Ela quer se diferenciar das irmãs, então diz que ama o pai mais que tudo e que o seu amor é diferente do amor das irmãs, simplesmente porque as irmãs são casadas.

O verso típico do teatro elisabetano é o pentâmetro iâmbico, não é o realejo, é muito mais próximo da linguagem da prosa, mas é possível encontrar uma sonoridade que ajuda a transmitir o pensamento, ajuda o pensamento chegar até a plateia. O que acontece no princípio da carreira de Shakespeare é que ele está muito influenciado por tudo que é moda, ele usa muito a rima, usa o pentâmetro iâmbico, mas rimado. *Sonho de uma noite de verão* tem 30% dos versos rimados, Shakespeare só usa a prosa para os artesãos, já *Hamlet* tem 2,5% de rima. À medida que ele foi amadurecendo ao mesmo tempo como poeta e como pessoa, cada vez mais o pentâmetro iâmbico foi seguindo uma fluência totalmente artificial e poética, mas cuja imagem sugere uma verdade, uma realidade, sugere às pessoas como elas falam realmente. A arte era considerada artificial para a maioria das pessoas até o século XX, e a forma era parte fundamental de uma obra. No século XX, esse conceito de artificialidade vai ser contestado. A fala *"to be or not to be, that is the question"*[6] [Ser ou não ser, essa é que é a questão] tem um ritmo, tem uma sonoridade. Os 2,5% que Shakespeare usa em *Hamlet* acontecem no final de uma cena para marcar "essa cena chegou ao

---

6 Shakespeare, W. (2006). *Hamlet* (Ato III, Cena I, p. 453, Barbara Heliodora, Trad.). Rio de Janeiro: Nova Aguilar.

fim", ou ao longo de um diálogo, ao longo de um pensamento que ele quer que fique marcado na cabeça do público. De repente, o texto tem uma rima que faz guardar esse pensamento.

Aqui, concluo nosso encontro e "essa cena chega ao fim".

Muito obrigada.

Sobre os autores

Antonio Sapienza – É psicanalista, membro efetivo e analista didata da Sociedade Brasileira de Psicanálise de São Paulo (SBPSP). Membro da Federação Brasileira de Psicanálise (Febrapsi) e membro da International Psychoanalytical Association (IPA).

Barbara Heliodora (1923-2015) – Foi escritora, professora, tradutora, diretora e crítica teatral, estudiosa do teatro e em especial da obra de William Shakespeare. Graduou-se bacharel em Artes no Connecticut College for Women (hoje Connecticut College), nos Estados Unidos, em 1943, onde consolidou o interesse por essa arte, com a orientação da professora Dorothy Bethurum Loomis. Convidada por Fred Litto a ensinar na Universidade de São Paulo (USP), defendeu a tese *A expressão dramática do homem político em Shakespeare*, na própria USP, em 1975. Sua carreira de professora (decana do Departamento de Teatro da Universidade Federal do Estado do Rio de Janeiro), conferencista e tradutora é extensa, e foi a primeira pessoa a traduzir para o português a obra dramática

216 SOBRE OS AUTORES

completa de William Shakespeare. Considerada crítica severa, começou sua carreira em 1958 no jornal *Tribuna da Imprensa*, foi também crítica da revista *Visão*, do *Jornal do Brasil* e do *O Globo*.

Celso Frateschi – Estreou no Teatro de Arena de São Paulo, em 1970. Trabalhou com os principais diretores do teatro brasileiro, como Augusto Boal, Fernando Peixoto, Márcio Aurélio, José Possi Neto e Gabriel Villela. Ganhou o Prêmio Mambembe, o Prêmio Shell de Melhor Ator, o Prêmio Apetesp de Melhor Ator em 1996. Atuou, entre outros, nos espetáculos: *Hamlet, Ricardo III* e *A tempestade*, de Shakespeare; *Tio Vânia, As três irmãs* e *A gaivota*, de Tchékhov; *Horácio* e *Evangelho Segundo Jesus Cristo*, de José Saramago; *Sonho de um homem ridículo, O grande inquisidor* e *O subsolo*, de Dostoiévski. Foi Secretário de Educação, Cultura e Esportes do município de Santo André, Secretário de Cultura do município de São Paulo e Presidente da Funarte de 2006 a 2008, e diretor do Teatro da Universidade de São Paulo (Tusp). Atualmente, é diretor do Ágora Teatro.

Heloisa Helena Sitrângulo Ditolvo – É graduada em Psicologia pela Pontifícia Universidade Católica de São Paulo (PUC-SP), com especialização em Psicoterapia Infantil pelo Grupo de Estudos Psicanalíticos em Psicoterapia Infantil (GEPPI). Psicanalista, membro associado da Sociedade Brasileira de Psicanálise de São Paulo (SBPSP), membro da Federação Brasileira de Psicanálise (Febrapsi), membro da International Psychoanalytical Association (IPA) e coordenadora do Grupo de Estudos Conversando com Shakespeare na SBPSP.

John Milton – É professor titular na Universidade de São Paulo (USP), onde ensina Literatura Inglesa e Estudos de Tradução. Entre suas publicações estão *O poder da tradução* (1993, reeditado como *Tradução: teoria e prática*, em 1998 e 2010); *Agents of Translation* (editado com Paul Bandia, 2009); e *Tradition, Translation and Tension in Turkey* (editado com Saliha Paker e Şehnaz Tahir Gürçağlar, 2015). Traduziu *Morte e vida severina*, de João Cabral de Melo Neto para o inglês (*Death and Life of Severino*, 2003); e com Alberto Marsicano, traduziu para o português Keats (*Nas asas invisíveis da poesia*, 1998), Wordsworth (*O olho imóvel pela força da harmonia*, 2007) e Shelley (*Sementes aladas*, 2010).

José Garcez Ghirardi – É professor de Direito, graduação e mestrado, em tempo integral da Fundação Getúlio Vargas de São Paulo (FGV-SP). Possui pós-doutorado pelo Collège de France (2017), Chaire État Social et mondialisation, e pela Universidade Estadual de Campinas (Unicamp – 2004). É mestre e doutor em Estudos Linguísticos e Literários em Inglês pela Universidade de São Paulo (USP – 1995 e 1998). Advogado formado pela USP (1985). Membro do Conselho Acadêmico do Centro de Ensino e Pesquisa em Inovação da FGV-SP. Adjunct Faculty da Gonzaga Law School (WA/EUA), onde lecionou os cursos Jurisprudence and the Arts (2010) e Political Economy of Law and Development (2013). É autor, entre outras obras, de *O mundo fora de prumo: transformação social e teoria política em Shakespeare* (Almedina, 2011), *O instante do encontro: questões fundamentais para o ensino jurídico* (FGV, 2012) e *Narciso em sala de aula: novas formas de subjetividade e seus desafios para o ensino* (FGV, 2016).

Mario Vitor Santos – É mestre em Drama Antigo e Sociedade pela Universidade de Exeter, na Inglaterra, e doutor em

218 SOBRE OS AUTORES

Letras Clássicas pela Universidade de São Paulo (USP). Knight Fellow da Universidade Stanford. Sócio e diretor-executivo da Casa do Saber. Atualmente, prepara uma tradução dos sonetos de Shakespeare; já sua tradução de *A virgem de Orleans*, de Friedrich Schiller, está no prelo.

Marlene Soares dos Santos – É professora emérita da Universidade Federal do Rio de Janeiro (UFRJ) desde 2009. Possui especialização em Linguística Aplicada pela Universidade de Edimburgo, no Reino Unido, mestrado em Língua Inglesa pela Universidade da Califórnia, nos Estados Unidos, doutorado em Literatura Inglesa pela Universidade de Birmingham, no Reino Unido, e pós-doutorado pela Universidade de Yale, nos Estados Unidos. Atua na área de Literaturas de Língua Inglesa, com especialidade em Shakespeare, e é um dos membros fundadores do Centro de Estudos Shakespearianos (CESh). É autora de vários artigos em revistas especializadas, coorganizadora do livro *Shakespeare, sua época e sua obra* (2008) com Liana de Camargo Leão, e autora de *Shakespeare: as comédias* (2016). Atualmente, está vinculada ao Programa Interdisciplinar de Pós-Graduação em Linguística Aplicada (PIPGLA) da UFRJ.

Michael Wade – Atua no teatro inglês desde 1963 e em filmes para televisão e cinema, na Inglaterra e no Brasil. Colaborou durante muitos anos com Hector Babenco, escrevendo e traduzindo roteiros, e atuou nos dois últimos filmes dele, *El pasado* e *Meu amigo hindu*, e em *Pequeno segredo*, de David Schürmann. Desde 2006, tem apresentado vários *workshops* e Teatraulas sobre Shakespeare e T. S. Eliot na Casa do Saber e na Sociedade Brasileira de Psicanálise de São Paulo (SBPSP). Em 2017, estava de volta no West End de Londres, na peça americana *Out There On Fried Meat Ridge Rd*.

Valter Lellis Siqueira – É graduado e pós-graduado em Letras (Português e Inglês) pela Universidade de São Paulo (USP). Além de longa atuação como professor de Literatura Inglesa e Norte--Americana no ensino superior em São Paulo, publicou várias obras para o ensino de língua e literatura inglesa. Também é tradutor (inglês, francês, italiano e espanhol), com mais de cinquenta títulos já publicados.